Elmar Simma

Dem Leben zulächeln

Von der Kunst, den Tag zu loben

Tyrolia-Verlag · Innsbruck–Wien

Das Autorenhonorar dieses Buches fließt zur
Gänze dem Hospiz am See in Bregenz zu.

Mitglied der Verlagsgruppe „engagement"

5. Auflage 2020
© 2017 Verlagsanstalt Tyrolia, Innsbruck
Umschlaggestaltung: Verena Kopp
Layout und digitale Gestaltung: Tyrolia-Verlag
Alle Illustrationen von alexilly@fotolia
Druck und Bindung: FINIDR, Tschechien
ISBN 978-3-7022-3587-1
E-Mail: buchverlag@tyrolia.at
Internet: www.tyrolia-verlag.at

Inhalt

Neue Sichtweise 6

Lob und Dank sind Geschwister 9

Die kleinen Dinge haben Gewicht 25

Geborgen in Gottes Hand 41

Ermutigungen 59

In schweren Zeiten 75

Das Herz ist der Schlüssel der Welt 89

Gemeinschaft trägt 107

Bräuche und besondere Zeiten pflegen . . . 117

Bei sich sein 131

Quellenverzeichnis 150

Neue Sichtweise

Die Medien berichten laufend von schlimmen Ereignissen, Unglücksfällen, kriegerischen Auseinandersetzungen, tragischen Situationen. Negatives, rundum, wohin man nur schaut. Gar nicht zu reden von all dem persönlichen Leid, das auch uns da und dort trifft.

Ich will nichts verdrängen, aber um von all dem nicht erdrückt zu werden, möchte ich bewusst machen, dass es gleichzeitig viele erfreuliche, schöne, ermutigende Dinge und Erlebnisse gibt. Dorothee Sölle schreibt:

„Jetzt habe ich mir vorgenommen, jeden Tag drei Sachen zum Loben zu finden. Dies ist eine geistlich-politische Übung von hohem Gebrauchswert!"

Übrigens denke ich, dass Gott oft verzweifeln müsste, wenn er nur all das Elend auf dieser Erde sieht. Vielleicht – sehr menschlich gedacht und gesprochen – behält er gerade deswegen speziell das im Auge, was lobenswert ist? Ich nehme an, dass ich mit meinem Lob-Buch ganz auf seiner Seite stehe.

Eine wunderbare Sinngeschichte erzählt:

Ein alter Indianer saß mit seinem Enkelsohn am Lagerfeuer. Es war schon dunkel geworden und das Feuer knackte, während die Flammen in den Himmel züngelten.

Der Alte sagte nach einer Weile des Schweigens: „Weißt du, wie ich mich manchmal fühle? Es ist, als ob da zwei Wölfe in meinem Herzen miteinander kämpfen würden. Einer der beiden ist schwermütig, einsam und traurig. Der andere hingegen ist unbeschwert, heiter und zuversichtlich."

„Welcher der beiden wird den Kampf um dein Herz gewinnen?", fragte der Junge. „Der Wolf, den ich füttere", antwortete der Alte.

Wenn wir den „Wolf" des Lobes, der Dankbarkeit, der Ermutigung in uns füttern, wird immer mehr die Freude, die positive Lebenseinstellung, die Zuversicht uns erfüllen und unser Leben prägen.

Das ist das Anliegen dieses Buches.

Elmar Simma

Lob und Dank
sind Geschwister

Lob wirkt wie ein Müsliriegel

Von einem ehrlichen Kompliment kann man einen Tag lang leben. Und von einem guten Wort auch. Natürlich freut es mich, wenn ich da oder dort eine positive Rückmeldung bekomme, schriftlich oder mündlich. So auch heute. Eine Oma war ganz angetan von der Gestaltung der Hochzeit ihres Enkels. Schön!

Bischof Reinhold Stecher, bekannt für seine anschauliche Sprache, sagte bei einer Primizpredigt zum jungen Neupriester (auf Tirolerisch klingt es noch um einiges besser):

„Wenn dich jemand mit Kritik übergießt, dann schüttle dich wie ein nasser Pudel und geh deinen Weg weiter. Und wenn dich eine oder einer beweihräuchert, dann mach keine Lungenzüge, denn das verdirbt den Charakter!"

Ein Lob soll genossen, aber nicht inhaliert werden. Dann besteht nämlich die Gefahr, dass man eingebildet oder überheblich wird. Besser ist es, auf dem Boden zu bleiben und um die eigenen Grenzen zu wissen. Die anerkennenden Worte sollen uns wie ein Müsliriegel oder Traubenzucker auf unserem Weg stärken.

Die positive Wirkung des Lobens liegt darin, dass es uns anregt, unsere Begabungen zu entfalten. „Eine Köchin, die nicht gelobt wird, verlernt das Kochen!", lautet ein Sprichwort. Jedes Lob vermehrt sich und kriegt alsbald Junge. Eine liebe Bekannte brachte mir eine Dose mit selbst gebackenen Köstlichkeiten. Ich sage ihr öfters, nur ganz leicht übertrieben, sie mache die besten Kekse von Mitteleuropa. Dafür beschenkt sie mich von Zeit zu Zeit mit ihren Produkten.

Ein gutes Wort wärmt drei Winter lang!
Aus China

Impuls: Ich sage jemandem ganz bewusst ein ehrliches Lob.

Kaffeepause machen

Auch eine nicht geliebte Tätigkeit kann etwas Positives bewirken.

Beim Aufräumen meines Büros fand ich einen Text, der genau zum Thema Loben passt.

Ein Stück Himmel öffnet sich
Gestern ging ich durch die Straßen
und traf Madame Schmidt-Jost.
„Wie geht es Ihnen?", fragte ich,

wie man so fragt in Gassen und auf Straßen.
Doch eigentlich wollte ich mit ihr
die schlimme Welt beklagen.

„Die ganze Welt, nichts als ein Jammertal",
hob ich schon an zu sagen.
Da stoppte mich die kleine Lady:
„Was wollten Sie mich fragen?"
Sie lud mich ein zum Schwanenwirt,
wählte dort ein stilles Plätzchen
und knüpfte dann an
bei meiner Eingangsfrage.

So sprachen wir von uns und unserem Leben,
erzählten Schönes, Trauriges und Frohes.
An manchen Stellen lachten wir wie die Kinder,
hörten einander wieder zu mit großem Ernst,
doch niemals verloren wir uns im Klagen.

Die Welt ist böse, das ist wahr, an allzu vielen Ecken.
Und doch – ein Stück Himmel öffnet sich,
wo Menschen sich zuwenden.
Quelle unbekannt

Vielleicht sollten wir öfters mit jemandem einen Kaffee trinken und über das vielfarbige Leben reden.

Impuls: Also: gesagt, getan?!

Gutes im Herzen bewahren

Es ist schon lange her. Vor 50 Jahren war ich Kaplan in Bregenz und besuchte im Krankenhaus die Patientinnen und Patienten unserer Pfarrgemeinde. Der Datenschutz wurde damals nicht so streng gehandhabt, und so nannte mir eine Schwester gerne die Namen der Kranken unserer Pfarre. Eine mir unbekannte Frau war dabei, wie sich dann herausstellte, evangelischen Glaubens. Sie freute sich allerdings so sehr über meinen Besuch, dass sie mich seither immer wieder einmal zu sich einlud und mit einem guten Essen verwöhnte.

Jedes Jahr bekomme ich auch Weihnachtspost von ihr. Heuer schrieb sie, dass sie jeden Morgen in einem meiner Bücher lese. Im neuen Jahr werde sie mit den „Ermutigungen" beginnen, die für jede Woche eines Jahres religiöse Impulse bringen.

Ist es nicht beeindruckend, welche Wirkung manchmal eine winzige Tat, ein scheinbar unbedeutendes Ereignis haben kann, lebenslang? Wir sind uns dessen wohl viel zu wenig bewusst oder bekommen nur selten eine so positive Rückmeldung. Dennoch, auf die kleinen Dinge kommt es an. Das denke ich mir immer wieder.

Beim Computer kann man mit einem „Mausklick" alles abspeichern. Wahrscheinlich funktioniert das im eigenen Herzen nicht so einfach. Deshalb möchte ich den „Ordner" für positive Erlebnisse wieder neu aktivieren und füllen. Stoff dafür gibt es genug.

Auch das ist Kunst, ist Gottes Gabe,
aus ein paar sonnenhellen Tagen
sich so viel Licht ins Herz zu tragen,
dass, wenn der Sommer längst verweht
das Leuchten immer noch besteht.
Johann Wolfgang von Goethe

Impuls: In Gedanken (oder übers Telefon oder mit einer Mail, einer Karte) schicke ich an einige einen lieben Gruß oder einen guten Wunsch – einfach so.

Was anderen zuliebe getan wird, trägt Früchte

Eine schöne Hochzeitsfeier. Das junge Paar hatte schon vor einigen Monaten heiraten wollen, aber weil der Bräutigam plötzlich erkrankt war, musste die Feier kurzfristig abgesagt werden. Wochen später holten wir das Fest nach. Nun schickten mir die Frischvermählten eine Dankesmail mit herzlichen, lieben Worten. Natürlich musste ich einige Vorbereitungen und auch Zeit investieren, aber, wie man sieht, die Mühe trägt Früchte.

Und eine zweite Nachricht kam herein, ebenfalls mit einem Dank für einen Vortrag bei der Jahreshauptversammlung eines Krankenpflegevereins. Zunächst hatte ich mir beim Hinfahren gedacht: Warum hast du nur zugesagt? Wieder ein Abend, den du „opfern" musst, an dem du spät heimkommst. Aber die Rückmeldung entschädigte mich für den ganzen Aufwand. Für alles, was wir machen – manchmal auch als Pflicht – gilt: Nicht immer wird der Einsatz bedankt, aber es ist nichts umsonst, was wir anderen zuliebe tun. Davon bin ich überzeugt.

Das ist mir schon oft passiert: Menschen, die mit der Kirche nicht viel Verbindung haben, bitten um die Taufe ihres Kindes, eine Trauung, eine Beerdigung. Der Glaubensbezug scheint auch sehr dürftig zu sein. Aber wer kennt schon ihr Herz und die innerste Motivation? Dann bemühe ich mich trotzdem, eine schöne Feier zu gestalten, und erfahre gerade von diesen Leuten viel Dankbarkeit: „Wenn die Kirche immer so wäre …". Im Nachhinein bin ich über mein anfängliches inneres Murren beschämt, bin ich auch froh und dankbar, das Beste in der Situation gemacht zu haben.

Im Festkleid der Freude

Möge dann und wann deine Seele aufleuchten
im Festkleid der Freude.
Möge dann und wann deine Last leicht werden
und dein Schritt beschwingt wie im Tanz.

Möge dann und wann ein Lied aufsteigen
vom Grunde deines Herzens, das Leben zu grüßen
wie die Amsel am Morgen.

Möge dann und wann
der Himmel über deine Schwelle treten.

Antje Sabine Naegeli

Impuls: Was hat mich in letzter Zeit einige Mühe gekostet? Was ist das Positive daran?

Einander zum Segen werden

Eine leise, unauffällige Freude: Ich besuchte eine ältere Dame, die zunehmend an Demenz leidet. Ihr Zustand ist unterschiedlich. An manchen Tagen wirkt sie total verwirrt, an anderen hat man das Gefühl, dass eine Kommunikation mit ihr gut möglich ist.

Heute verhielt sie sich zuerst sehr aggressiv gegenüber ihren Kindern und der Betreuerin. Als ich kam, lächelte sie ein wenig. Ich hatte den Eindruck, dass sie mich erkannte. Aber dann, am Tisch, verhärteten sich ihre Züge, ganz energisch sagte sie: „Etwas stimmt nicht. Es ist verrückt!"

Ich konnte ihr nur Recht geben. Für sie stimmt vieles nicht, sie spürt das, weil sie immer weniger versteht und mit ihrem Leben nicht mehr zurechtkommt. Viele Dinge in ihrem Kopf und Herzen sind verrückt worden, ganz wörtlich.

Ich erzählte von früher, und manchmal blitzte bei ihr die Erinnerung auf. Sie wurde ruhiger und gelöster. Der Erinnerungsfaden wurde bei einzelnen Themen wieder geknüpft. Und als ich mich von ihr verabschiedete, wollte sie mich nicht mehr gehen lassen und hielt meine Hand fest.

Vom Gartentor aus winkten wir uns nochmals zu. Dieses Bild bleibt mir im Herzen und erfüllt mich mit Dankbarkeit.

Ich freute mich, dass ich ihr im Dunkel ihrer inneren Einsamkeit und Verwirrtheit ein paar Lichtmomente schenken konnte. Einige Wochen später starb sie. Umso mehr empfinde ich diese Begegnung als Segen.

Du bist gesegnet

Gott segne deinen Weg,
die sicheren und die tastenden Schritte,
die einsamen und die begleiteten,
die großen und die kleinen.
Gott segne deinen Weg
mit Atem über die nächste Biegung hinaus.
Gott segne und umhülle dich
auf deinem Weg wie ein bergendes Zelt.

Impuls: In Gedanken segne ich einen mir lieben und wichtigen Menschen. Vielleicht auch einen schwierigen, lästigen.

Wer sucht, der findet

Zuerst will mir bei der persönlichen „Tagesschau" nichts erwähnenswert Positives einfallen.

Doch dann kommt es mir in den Sinn: Schon am Morgen suchte ich meinen Autoschlüssel: Wo könnte der nur sein? Nach einiger Zeit holte ich den Reserveschlüssel, weil ich ja zeitgerecht zur Arbeit musste.

Mittags ging die Suche weiter. Ich betete auch zum heiligen Antonius, den ich manchmal leider nur zum Suchen missbrauche. Auf einmal fiel mir ein, dass ich gestern mit einem ehemaligen Mitschüler unterwegs gewesen war. Vielleicht findet sich der Verschwundene in dessen Auto. Nach meinem Anruf und einer Suchpause bekam ich die Rückmeldung: Gott sei Dank, der Schlüssel wurde gefunden.

Eigentlich war es eine Lappalie im Vergleich zu vielem, was Menschen Tag für Tag verlieren: Heimat, Häuser, Wohnungen, Sicherheit, genug zum Leben, Partnerinnen und Partner, Kinder, andere liebe Menschen, Glauben, Hoffnung und Liebe. Die Liste kann endlos weitergeführt werden.

Aber umgekehrt finden wir auch ungeheuer viel. Es fällt uns zu (das trifft die Sache besser als das Wort „zufällig"), wird uns geschenkt. Und jetzt wird mir bewusst, was ich heute schon ohne mein Verdienst bekommen habe: vom guten Frühstück angefangen bis zu vielen Begegnungen, Gesprächen und allem, was der Tag gebracht hat.

Ich erinnere mich: *Danken kommt von denken.*

Möge Gott dir auf deinem Weg das schenken, was du brauchst. *Aus Irland*

Impuls: Was habe ich in letzter Zeit ganz überraschend wiedergefunden?

Bewusst genießen

Einfach beeindruckend und erfreulich: Die Hospiz-Mitarbeiterinnen und -Mitarbeiter waren zu einer jährlichen Feier eingeladen. Nach einem besinnlichen Einstieg gab es ein gemütliches Zusammensein und gemeinsames Abendessen. Gut und recht, das ist ein übliches Dankeszeichen. Was mich besonders beeindruckte, war die große Zahl der ehrenamtlichen Helferinnen und Helfer, Frauen und Männer verschiedenen Alters und Berufsgruppen. Sie alle geben viele Stunden her, um Kranke und Angehörige zu begleiten. Sicherlich sehr oft eine schwierige und herausfordernde Tätigkeit.

Aber ich erlebe sie immer auch als Menschen, die mit beiden Füßen im Leben stehen, die geerdet sind und trotz aller Belastungen in ihrem Dienst Lebensfreude ausstrahlen.

Die Gespräche beim Aperitif im Foyer und dann im Gastzimmer füllten lautstark den Raum. Leben in Fülle, dachte ich.

Je mehr man um die Grenzen des Lebens weiß und sie akzeptieren kann, umso mehr kann man auch genießen, was einem an Gutem und Schönem geschenkt wird.

Das Essen schmeckte ausgezeichnet, der Wein und das Bier dazu ebenfalls. Ein rundum genussreicher Abend, der wiederum motiviert, sich für andere einzusetzen.

Dazu passt ein Text des Pianisten Arthur Rubinstein:

Ich habe eine merkwürdige Gewohnheit: Ich freue mich jeden Morgen, wenn ich aufstehe, dass ich noch sehen kann, hören kann, riechen kann; dass ich noch alle Sinne besitze; dass ich noch gehen kann. Das sind doch wunderbare Geschenke! Es könnte ja auch anders sein. Gut, auch damit müsste ich mich abfinden. Aber man muss doch ein bisschen dankbar sein.

Impuls: Ich schaue bewusst die Tageszeitung nach positiven Meldungen durch.

Die Botschaft der Schöpfung

Fast jedes Jahr organisiere ich eine Kultur- und Besinnungsfahrt, z. B. nach Oberösterreich, Slowenien, Italien. Es sind immer abwechslungsreiche Tage, die uns an Leib und Seele wohl tun. Die Gemeinschaft und Geselligkeit, die religiösen Vertiefungen, die Landschaft, die wunderbaren Kirchen mit den alten Fresken, die Wanderungen und vieles mehr können wir als Schatz im Herzen mitnehmen.

Ich denke an eine Dolomitenfahrt. Die erste Rast am Karersee berührte schon unsere Herzen: Ein kleiner Bergsee mit azurblauem, grünem Wasser, die Tannen ringsum, die Spiegelbilder der Berge in der ruhigen Flut, einfach alles zusammen war unbeschreiblich, direkt kitschig schön.

Und dann die weißen Kalkfelsen, die sich vom strahlenden Herbsthimmel abhoben. Man kann das gar nicht mit Worten beschreiben.

Wir sagten immer wieder: Wie großartig ist doch die Schöpfung Gottes! Welch ein Geschenk!

Natürlich kenne ich auch die dunklen Seiten der Umweltzerstörung und Ausbeutung dieser Erde.

Die werden angesichts dieser herrlichen Eindrücke noch bewusster.

Dennoch möchte ich zuerst einmal mit allen Sinnen die Schönheit der Schöpfung wahrnehmen und im Herzen bewahren. Daraus wächst dann auch die Kraft, alles zu tun, um eine lebenswerte Mitwelt zu erhalten und zu pflegen.

Ich erinnere mich an eine indianische Weisheit, die wir an diesem Tag realisierten:

Lege ein Ohr auf die Erde, dann ist das andere für den Himmel offen!

Impuls: An welches Naturerlebnis erinnere ich mich gerne?

Anderen wertschätzend begegnen

Dieter war ganz plötzlich verstorben. Als ich heute beim Verabschiedungsgottesdienst dabei war, kamen mir Gedanken und Erinnerungen an ihn. Vor vielen Jahren hatte ich ihn beim Unterricht in der Krankenpflegeschule kennen gelernt. Später liefen wir uns öfters bei verschiedenen Besuchen in den Spitälern unseres Landes über den Weg, und wir wechselten immer ein paar freundliche Worte. Unter anderem organisierte und leitete er Weiterbildungskurse für Pflegekräfte. Da er mich von früher kannte, bat er mich schon mehrmals,

eine Einheit in seinen Schulungen zu überneh-
men.

Vor ein paar Wochen traf ich ihn zufällig in einer Bäckerei. Er sprach mich gleich an und depo-
nierte seinen Wunsch, im Frühjahr bei ihm mit-
zumachen.

Ich meinte, es sei doch langsam an der Zeit, einen jüngeren Referenten als mich zu nehmen. Ich
sei nicht mehr so kompetent. „Aber ich möchte
genau dich", lautete seine Antwort.

Dieses versteckte Kompliment kam mir heute in der Kirche wieder in den Sinn. Es hat mich
gefreut, und ich bin ihm im Nachhinein für diese
Wertschätzung dankbar. Es braucht oft so wenig,
z. B. nur ein anerkennendes Wort, um jemand positiv zu verstärken.

*Möge dein Himmel blau sein, auch wenn Wolken ihn
verdecken!*
Aus Irland

Impuls: Welches Lob habe ich nie vergessen?

Die kleinen Dinge
haben Gewicht

Für ein Kinderlächeln

Ein erfreulicher Tag. Am Nachmittag durfte ich eine junge Frau wieder in die Kirche aufnehmen. Weil dieser Schritt nicht einfach formal mit einer Unterschrift geschehen soll, trafen wir uns in einer Kapelle. Ihr Gatte war auch mitgekommen. Zuerst zündeten wir Teelichter an für ihre Tochter, für sie selbst und dann auch für den kürzlich verstorbenen Vater. Wir redeten ein wenig über den Inhalt unseres Glaubens, beteten miteinander. Mit einem Segensgebet schlossen wir die kleine Feier ab.

Anschließend lud das Paar mich nach Hause ein; ihr Kind, das von einem Babysitter betreut wurde, wartete bereits auf uns. Die pausbäckige Kleine schaute mich mit großen Augen an. Mit allen Tricks versuchte ich, ihr ein Lächeln zu entlocken, aber ich war natürlich ein Fremder für sie. Doch auf einmal geschah das Wunder: Sie lächelte mir kurz zu.

In einer Welt, in der so viel Unmenschliches geschieht, ist das Lächeln eines Kindes das Schönste und Berührendste, was einem geschenkt werden kann. Ich dachte: Welche Unsummen werden für Kriege und Waffen ausgegeben! Um wie viel wichtiger wäre es, alles zu tun, damit Kindern die Tränen getrocknet werden, damit sie wieder lachen und sich freuen können!

Bewahre uns, Gott, behüte uns, Gott,
sei mit uns auf unsern Wegen.
Sei Quelle und Brot in Wüstennot,
sei um uns mit deinem Segen.

Bewahre uns, Gott, behüte uns, Gott,
sei mit uns in allem Leiden.
Voll Wärme und Licht im Angesicht,
sei nahe in schweren Zeiten.

Bewahre uns, Gott, behüte uns, Gott,
sei mit uns vor allem Bösen.
Sei Hilfe, sei Kraft, die Frieden schafft,
sei in uns, uns zu erlösen.

Bewahre uns, Gott, behüte uns, Gott,
sei mit uns durch deinen Segen.
Dein Heiliger Geist, der Leben verheißt,
sei um uns auf unsern Wegen.
Eugen Eckert

Impuls: Dieses Lied spreche ich im Blick auf die eigenen Kinder, Enkelkinder und alle Kinder der Erde.

Von der Rose kann man leben

Ich durfte mit über sechzig Kindern das Martinsfest feiern. Die Kindergartenpädagoginnen hatten alles liebevoll vorbereitet. Mich freute, dass auch etliche türkische Mamas und Papas mit in die Kirche gekommen waren, ebenso Familien, die bei uns um Asyl angesucht hatten. Deshalb sprach ich immer von Gott und Allah zugleich. Die Religionsunterschiede werden da unwichtig. Die Legende vom hl. Martin spricht alle Menschen an, egal welchen Glaubens. Und im Bemühen, selbst Lichter der Freude und des Teilens für andere anzuzünden, finden wir uns auch.

Eines der Kinder war die fünfjährige Frida, die ich getauft habe.

Vor Kurzem traf ich sie zufällig, weil ich im Nachbarhaus einen Besuch machte. Die Eltern verrichteten noch die letzten Gartenarbeiten. Da kam sie zum Gartenzaun und schenkte mir eine Rose. Die kleine weiße Blume ist für mich ein einmaliges Geschenk, denn Frida (oder ihre Mama im Hintergrund) hatte offensichtlich die Martinsgeschichte verstanden. Von einem Mädchen eine Rose geschenkt zu bekommen, ist doch wirklich etwas Besonderes!

Bei Hochzeiten sage ich oft: „Was uns leben

lässt und wofür es sich zu leben lohnt, ist die Rose. Sie symbolisiert alle Zeichen der Herzlichkeit, der Aufmerksamkeit, der Zuwendung und Liebe!"

Die Liebe lebt von liebenswerten Kleinigkeiten!
Theodor Fontane

Impuls: Vielleicht ist es etwas ungewohnt, aber es wirkt: Ich schenke jemandem eine Rose!

Der sanfte Regen vieler kleiner Freuden

Auf dem Kalenderblatt stand ein sinnvoller Spruch des Rottenburger Bischofs Paul Wilhelm Keppler (1852–1926): „Hundert kleine Freuden sind tausendmal mehr wert als eine große, so wie ein sanft herabrauschender Regen tiefer ins Erdreich dringt als ein Wolkenbruch."

Dem kann ich nur zustimmen. Viele warten im Leben auf das große Glück, den Lottosechser in irgendeiner Hinsicht. Den gibt es, aber darauf zu warten, ist nicht sehr hilfreich, weil die Chance, ihn zu gewinnen, sehr gering ist.

Die kleinen Liebenswürdigkeiten und Überraschungen, die unscheinbaren, schönen Dinge und erfreulichen Erlebnisse, die werden uns laufend geschenkt. Wir müssen sie nur aufmerksam wahrnehmen. Mir fällt ein: die freundlichen Begegnungen und Gespräche, die anregenden Vorträge bei einer Tagung, das Nachfragen einiger, wie es mir geht, der wunderschöne blaue Herbsthimmel und die verschneiten Berge, der Dank eines Mannes, der mir eine Flasche Wein gebracht hat, Telefonate, die mich gefreut haben. Und dass mir die Vorbereitung für ein Referat schnell gelungen ist.

Also überhaupt kein Grund für irgendeine Klage. Im Gegenteil. Der sanfte Regen vieler kleiner Freuden dringt in mich ein.

Ich denke, dass es uns oft nur an der Aufmerksamkeit fehlt, das alles bewusst wahrzunehmen, zu registrieren und innerlich danke zu sagen. Wem? Menschen und letztlich auch Gott.

Wofür es sich lohnt zu leben

Für das Vogelkonzert am frühen Morgen,
für die Sonnenstrahlen,
die uns hinauslocken in die Natur,
für die ersten Frühlingsblumen nach dem Winter,
für die langen, lauen Sommerabende,
für den Anblick herbstlich leuchtender Bäume,
für einen warmen Tee in kalter Jahreszeit,
für Musik, die das Herz berührt,

für die Atempausen im Alltag,
für all die Menschen, die wir lieben,
für unsere Dankbarkeit
und unermüdliche Hoffnung.
Claudia Peters

Impuls: Wofür hat es sich heute gelohnt zu leben?

Gute Worte finden

Ich suchte in meinem „Materialkeller" Texte für den Gottesdienst, den wir beim Dankesfest für die ehrenamtlichen Mitarbeiterinnen und Mitarbeiter in einem Pflegeheim feiern wollten. Dabei stieß ich auf einen Text, von Papst Johannes Paul I., dem lächelnden 33-Tage-Papst. Beim Lesen dachte ich: Wie wahr!

Freundlich bleiben und das Lächeln bewahren,
das ist schon ein gutes Stück praktischer Nächstenliebe,
zu der man immer und gerade in den Banalitäten des
Lebens Gelegenheit hat.
Ich habe niemals die Möglichkeit gehabt,
mich in einen reißenden Fluss zu stürzen,
um einen Ertrinkenden zu retten,

aber ich bin sehr oft gebeten worden, etwas auszuleihen,
kleine, geringe Dienst zu tun.
Ich habe niemals einen tollwütigen Hund getroffen,
wohl aber lästige Fliegen und Mücken.
Helfen, wie man kann,
sich nicht aufregen,
voller Verständnis sein, Stille lieben und lächeln,
das heißt den Nächsten lieben,
ohne Phrasen, praktisch.

Auf diese kleinen, unauffälligen Dinge kommt es an.

Später bekam ich noch eine Mail, in der sich eine Frau für ein Referat bedankte, das ich in ihrer Pfarre gehalten hatte. Es ging dabei um das Thema Beziehungskonflikte und Versöhnung. Sie hätte ja nicht schreiben müssen, aber ihre Aufmerksamkeit und die anerkennenden Worte freuten mich. Zudem teilte mir eine ehemalige Schülerin mit, dass das Gebet für ihren schwerkranken Mann geholfen habe. Auch eine positive Rückmeldung!

Impuls: Ich stöbere in meiner alten Post oder in gesammelten Texten und entdecke vielleicht unerwartet einen Schatz.

Die Sonnenstrahlen wahrnehmen

Tagtäglich erlebe ich Schwieriges und Belastendes: Eine Frau rief an, weil der Schwager sich das Leben nehmen will, eine andere, die psychisch krank ist, schickte eine Mail mit Vorwürfen gegen Mitarbeiterinnen und Mitarbeiter, ein älterer Herr möchte ein Gespräch, weil er persönliche Probleme hat usw.

Aber tagtäglich leuchten auch viele Sonnenstrahlen durch die Wolken der Probleme, wie Liebenswürdigkeiten von Kolleginnen und Kollegen im Büro:

Eine Pensionistin kam, um für mich eine Schreibarbeit zu erledigen. Bei der Sitzung des Hospiz-Fördervereins herrschte eine offene, wohlwollende und herzliche Atmosphäre.

Und das „Gläschen" zum Abschluss tat auch noch wohl.

Es sind große und kleine Ereignisse, die in Summe einem das Herz schwer machen. Andererseits gibt es auch das Gegengewicht zahlreicher positiver Momente und Erfahrungen. Wahrscheinlich machen wir uns oft viel zu wenig bewusst, was uns Erfreuliches zufließt. Wenn wir es nur sähen: Die Schale der erfreulichen Momente füllt sich genauso wie die andere mit allem Negativen, sie wiegt sogar noch mehr.

Ein irischer Segenswunsch könnte uns begleiten:

*Mögest du morgens voller Erwartung
und abends voller Weisheit sein.*

*Möge dir stets bewusst sein,
dass es immer zwei Dinge sind,
die den Hunger eines Menschen stillen:
eine Scheibe Brot und ein gutes Wort.*

*Möge dein Lächeln für den, der friert,
der beste Mantel aus Lammfell sein.*

*Ich wünsche dir die Gabe des Humors
und die stete Bereitschaft
für einen erfrischenden Spaß.*

Impuls: Wann habe ich das letzte Mal einen guten Witz erzählt oder gehört?

Das Leben verlangsamen

Die Hauptstraße unserer Gemeinde wurde heute für alle Autofahrer und anderen Motorvehikel gesperrt. Warum? Um sie nur für die Radfahrer frei zu halten. Große und Kleine mit allen möglichen Rädern nutzten diese Chance. Musik wurde gespielt, verschiedene Gruppen tanzten. Man traf sich, um Saft oder ein Bier zu trinken, konnte miteinander reden oder einfach auf den Bänken in der Sonne sitzen. Für einen Nachmittag schien die Zeit stillzustehen.

Keine Hektik, kein Verkehrslärm, kein Stau. Da zudem die Sonne wunderbar schien, war alles bestens.

Natürlich klingt das sehr romantisch. Im täglichen Leben brauchen wir die Fahrzeuge aller Art, aber nicht immer. Jedenfalls bekäme unser Leben viel mehr Qualität, wenn die Straßen vor allem für die Fußgänger und Radfahrer frei wären, für Begegnungen und Gespräche.

Ich erinnere mich, dass bei der Ölkrise in den 80er-Jahren „Pickerl" ausgegeben wurden und man, denen entsprechend, nur an bestimmten Tagen mit dem Auto fahren durfte. Es funktionierte tatsächlich. Man musste sich die Wege einteilen, Fahrgemeinschaften bilden, Alternativen suchen. Es wurde wirklich viel weniger Benzin und Diesel verbraucht.

Gott kann nicht geschaut werden,
sondern wird durch die Schöpfung erkannt.
Hildegard von Bingen

Impuls: Zwei Ideen bieten sich an: Ich mache einen Spaziergang in den Wald oder an einen schönen Platz und atme tief (!) ein. Oder ich lasse das Auto bewusst stehen und gehe zu Fuß.

Alles zieht Kreise

Manches vergessen einem die Leute nie. So erzählte mir eine 92-jährige Frau voll Dankbarkeit, dass ich vor Jahrzehnten ihr Enkelkind getauft habe, nachdem der Ortspfarrer sich geweigert hatte, dem Kind die Taufe zu spenden, weil es den Eltern aus berechtigten Gründen nicht möglich gewesen war, am Taufgespräch teilzunehmen. Und weil ich zudem den Sohn der Frau getraut hatte, wäre es schön, wenn ich sie dann auch beerdigen könnte. Ich selbst konnte mich gar nicht mehr an die Taufgeschichte erinnern, aber ihre Dankbarkeit nach so vielen Jahren beeindruckte mich.

Eine andere Frau bedankte sich, weil ich ihr vor fünfzehn Jahren einen Text gegeben hatte, der für sie damals in einer schwierigen Situation sehr hilfreich und tröstlich gewesen sei.

Warum ich diese kleinen Begebenheiten erwähne? Sie machten mir bewusst – und ich wiederhole mich –, dass oft unscheinbare Gesten der Freundlichkeit und des Wohlwollens, die einem selbst gar nicht so besonders wichtig oder großartig vorkamen, doch in den Herzen anderer aufbewahrt werden. Und ich selbst habe oder werde manch negative, aber genauso auch positive Erlebnisse nie mehr vergessen.

Alle hellen, farbigen und dunklen Momente unseres Lebens haben ihren Platz und ihre Wichtigkeit, wie das folgende Zitat sagt:

Wir vertrauen darauf,
dass alles einen Sinn hat,
weil ein liebender Gott
die wirren Fäden unseres Lebens
zu einem schönen Muster
zusammenknüpft.

Impuls: Auch ich bin getauft. Deshalb beende ich den Tag mit einem Kreuzzeichen und Weihwasser. Im Notfall genügt auch gewöhnliches Wasser.

Samen ausstreuen

Zuerst ärgerte ich mich. In dem Ort, wo ich wohne, wurde an mehreren Straßenrändern der Humus abgetragen. Die dadurch entstandenen Vertiefungen wurden dann mit einem Kies- und Schottermaterial aufgefüllt. Was soll das? Es tat meinem „grünen" Herzen weh.

Auf meine Nachfrage hin erklärte man mir, dass hier ein ökologisches Projekt gestartet worden ist. Auf dem „mageren" Untergrund wurden spezielle Samen von Blumen, die diese Art von Boden lieben, ausgesät.

Und siehe da: Es ist eine Freude, welch vielfältige Blumenpracht Monate später die Straßen säumten, in allen Farben. Blumen, die ich zum Teil noch nie gesehen habe und die auch nicht abgemäht werden. Jetzt kommen sogar Abordnungen von anderen Kommunen, die das anschauen und nachmachen wollen.

Ähnlich kann auch an den „Straßenrändern" unserer Tage, unseres Lebens so vieles aufblühen, selbst auf schlechtem Untergrund. Man muss nur die richtigen Samen ausstreuen, warten, und kann dann über die Blüten staunen.

Gottes Segen nähre dich auf deinem Weg,
wie das Brot und der Wein.

Gottes Segen leuchte dir auf deinem Weg,
wie das Feuer in der Nacht.

Du bist gesegnet, wohin der Weg auch führt!

Impuls: Ich rieche an einer Blume, ich betrachte eine Blume, ich pflanze eine Blume.

Geborgen in Gottes Hand

ER wird es schon richten

Je älter ich werde, umso mehr gefallen mir schöne lyrische Texte. Ich habe natürlich meine Lieblings- dichterinnen und -dichter. Aber manchmal entde- cke ich wie einen Schatz ein neues Gedicht, das mich zum Nachdenken bringt. So das folgende Wort der hl. Edith Stein, das auf meinem Kalender steht. Sie war Philosophin, Frauenrechtlerin, Jüdin, konver- tierte 1922 zum katholischen Glauben, wurde 1933 Karmelitin – Sr. Teresia Benedicta vom Kreuz – und starb als Opfer des Holocaust im August 1942 in der Gaskammer von Auschwitz-Birkenau.

Ohne Vorbehalt
und ohne Sorgen
leg' ich meinen Tag
in deine Hand.
Sei mein Heute,
sei mein Morgen,
sei mein Gestern,
das ich überwand.

Frag mich nicht nach
meinen Sehnsuchtswegen,
bin aus deinem
Mosaik ein Stein.

*Wirst mich an die
rechte Stelle legen,
deinen Händen
bette ich mich ein.*

Wenn man als Hintergrund ihre Geschichte und ihren Tod sieht, beeindruckt ihr tiefes Gottvertrauen umso mehr. Sie legt sich einfach hinein in die Hand Gottes, lässt sich fallen in seine Zusage: Ich bin da!

Mein Glaube ist oft angefochten und nicht so mutig. Dennoch möchte ich Tag für Tag versuchen, meinen Platz so gut als möglich wie ein kleiner Stein in einem riesigen Mosaikbild auszufüllen und zu vertrauen, dass allein Gott den Sinn des großen Ganzen kennt. Er weiß, wofür alles gut ist.

Impuls: Welche Farbe hat der „Stein" des heutigen Tages?

Den Sorgenball zuwerfen

Anfang jeden Monats bringe ich einem älteren Ehepaar die Krankenkommunion. Beide sind über neunzig, aber geistig noch voll auf der Höhe.

Einmal erzählte mir der Mann, dass für ihn das Bibelwort „Werft alle Sorgen auf den Herrn" ganz wichtig und tröstlich sei. Der trockene Kommentar der Gattin lautete daraufhin: „Und – triffst du ihn auch, wenn du wirfst?" Wirklich, eine humorvolle Frage. Manchmal könnte man ja meinen, dass unsere Gebete Gott verfehlen, weil scheinbar keine Reaktion von ihm kommt. Sicher trügt der Schein, aber wir dürfen schon fragen, ob unsere Gebete tatsächlich bei Gott ankommen.

Die beiden Betagten sind tief religiös, aber der köstliche Humor der Frau wirkt für mich sehr geerdet.

Auch für ältere Menschen ist es nicht immer leicht, an Gottes Güte zu glauben, vor allem, wenn das Leben einem so manche Wunde schlägt. Da ist es gut, den Sorgenball Gott zuzuwerfen in der Hoffnung, dass er ihn auch auffängt.

Die beiden leben die folgende Anregung:

Lebe! Koste den Moment!

... vielleicht schmeckt er nach Glück.
Geh nicht achtlos vorbei
an den Farben des Tages,
dir hingehalten zum Genießen.
Nur
klammere dich nicht fest an diesem und jenem.

Sei bereit aufzubrechen,
denn du weißt nicht den Tag,
noch die Stunde!
Hildegard Nies

Impuls: Also gut: Ich probiere ganz konkret, eine Sorge auf den Herrn zu werfen.

Still sein

Bei der Sonntag-Vorabendmesse sang der Chor des Dekanats. Sängerinnen und Sänger der umliegenden Pfarrgemeinden hatten einen Nachmittag lang gemeinsam neue Chorliteratur einstudiert und brachten diese Gesänge im Gottesdienst zu Gehör. Es war ein sehr schönes Erlebnis.

Vor allem freute mich, dass sie auch das Lied vorbereitet hatten, das mir persönlich besonders gut gefällt:

Meine Seele ist stille in dir,
denn ich weiß: Mich hält deine starke Hand.
Auch im dunklen Tal der Angst
bist du da und schenkst Geborgenheit.
Meine Seele ist stille in dir!

Meine Seele ist stille in dir,
denn ich weiß: Du bist da und richtest auf,
wie der Regen dürres Land
neu belebt und zum Erblühen bringt.
Meine Seele ist stille in dir.

Klaus Heizmann

Die Melodie passt ausgezeichnet dazu und wirkt sehr beruhigend. Da verebben die manchmal stürmischen Wogen des Herzens, passiert genau das, was der Text sagt.

Das Singen, vor allem das gemeinsame, hat eine therapeutische Wirkung. Ich erinnere mich an das alte geflügelte Wort: „Wo man singt, da lass dich nieder …"

Guter Gott!
Ich will einfach still sein,
spüren, dass du bei mir bist.
Auf dich will ich hören.

Du kennst mich.
Du weißt, was ich brauche.
Du hörst mich,
auch wenn ich nichts sage.

Ich bin jetzt da
mit meiner Freude und mit meinen Sorgen.

Dir vertraue ich,
dass du für mich da bist,
du,
mein Herr und mein Gott.
Quelle unbekannt

Impuls: Nur für mich singe oder summe ich ein Lied, eine Melodie.

Mit Gottes Segen

Es war beeindruckend und berührend. In der Basilika Rankweil steht das so genannte „Silberne Kreuz", zu dem viele Menschen wallfahren, um ihre eigenen Kreuze dort abzuladen und Kraft zu holen für ihren Weg. Das Holzkreuz aus dem 13. Jahrhundert ist mit schönen Reliefs verziert und mit einer kostbaren Silberhülle umgeben. Wie eine dunkle Wolke manchmal einen Silberrand bekommt, wenn die Sonne dahinter scheint, so leuchtet hinter allem Leidvollen die Zusage Gottes: „Ich bin da, auch in deinen dunklen Stunden!"

Am Fest der Kreuzerhöhung wurden am Schluss des Gottesdienstes die Kirchenbesucher eingeladen, nach vorne zu kommen und sich unter dem Silbernen Kreuz segnen zu lassen. Zuvor sagten sie immer kurz, wofür sie in besonderer Weise Gottes Hilfe und Segen erbitten.

Sehr viele nützten die Gelegenheit. Es war unwahrscheinlich, welche Menge an Sorgen und Nöten da – oft mit Tränen in den Augen – vorgetragen wurden. Und was mir dabei besonders zu Herzen ging, war ihr großes Vertrauen auf Gottes Hilfe und die Hoffnung auf seine Stärkung.

Hier konnte ich die Kraft des Glaubens spüren. Und das bestärkt mich wiederum selbst, Gott mehr in Anspruch zu nehmen, ganz wörtlich.

Gott, mein Leben ist durchkreuzt.
Krankheiten, Sorgen, Ängste belasten mein Herz.
Aber im Blick aufs Kreuz fühle ich mich in deinem Erbarmen, deiner Treue aufgehoben.
Deine heilende Kraft, deine Liebe, durchfließe mich,
stärke und ermutige mich,
auch das Kreuz meines Lebens anzunehmen und zu tragen.
Du hast meinen Namen in deine Hand geschrieben und sagst zu mir:
Fürchte dich nicht!

Impuls: Welche Anliegen habe ich, für die ich besonders um Gottes Segen bitte?

Im Heute leben

Eine Mitarbeiterin schickte mir einen lustigen Text, der mich erheiterte:

Hilf, lieber Gott, bis jetzt geht's mir heute gut! Ich habe noch nicht getratscht und auch noch nicht meine Beherrschung verloren. Ich war noch nicht gehässig, fies, egoistisch und zügellos. Ich habe noch nicht gejammert, geklagt, geflucht oder Schokolade gegessen. Geld habe ich auch noch nicht sinnlos ausgegeben. – Aber in ungefähr einer Minute werde ich aus dem Bett aufstehen, und dann brauche ich wirklich deine Hilfe!

Solange das Tagwerk noch nicht angelaufen ist und wir niemandem begegnet sind, ist es relativ einfach, im positiven Bereich zu bleiben. Aber dann …

Eine ältere, liebenswürdige Frau hatte mir ausrichten lassen, sie hätte gerne die Kommunion und Krankensalbung. Mit ihren 85 Jahren hat sie viel Schweres durchgemacht, und die körperlichen Beschwerden nehmen immer mehr zu.

Dennoch hat sie sich ein heiteres Wesen bewahrt. Mit großer Gelassenheit nimmt sie einen Tag nach dem andern. „Ich lebe einfach im Heute und mache mir keine großen Sorgen, was morgen kommt. Und einmal ist für uns alle Schluss. Ich habe keine Angst vor dem Sterben!", so erzählt sie mir.

Täglich spricht sie ihre altvertrauten Gebete, wie „Seele Christi, heilige mich …"

Menschen mit einer solchen Erfahrungsweisheit und einem tiefen Glauben beeindrucken mich.

Sie verstehen mehr vom Leben als all die Macher, die meinen, mit ihrem Verstand und ihrer Tüchtigkeit alles im Griff zu haben. Sie lebt den Satz von Simone Weil:

Es ist nicht meine Angelegenheit, an mich zu denken.
Meine Angelegenheit ist es, an Gott zu denken.
Gottes Angelegenheit ist es, an mich zu denken.

Der Besuch bei der lieben Frau Anni war heute mein Geschenk.

Impuls: Was würde ich heute als Bilanz des Tages Gott schreiben?
Wofür möchte ich ihm danken?

Eine Aufgabe finden

Eine liebe Bekannte läutete und wollte nur schnell einen kleinen Apfelkuchen vorbeibringen, sozusagen als Nebenprodukt eines größeren, den sie für die Familie gebacken hatte. Ich lud sie zu einem Gläschen Likör ein. Dabei erzählte sie von ihrer 85-jährigen Mama, die altersbedingt nicht mehr so gut backen oder kochen kann wie früher, und es auch gar nicht mehr will. Sie habe gelernt, dass sie jetzt nicht mehr viel tun könne. Aber als ihre neue Aufgabe habe sie entdeckt, für die Kinder, deren Partner und für die Enkelkinder zu beten. Oder auch für die Nachbarn und andere Bekannte. Einen oder zwei Rosenkränze pro Tag. Dafür nehme sie sich bewusst Zeit. Und Anliegen gäbe es laufend neue.

Ich finde es schön, dass die ältere Dame einerseits das Nichtstun akzeptiert und gleichzeitig doch eine neue Beschäftigung gefunden hat. Früher lernten wir das Sprichwort: „Wer rastet, der rostet." Das gilt für den Körper, aber noch mehr für den Geist. Das Rosenkranz-Beten hält den Kopf und das Herz fit. Und ich denke, dass ich sie auch für besondere Sorgen „einspannen" und um ihr Gebet bitten kann. Damit ist beiden geholfen – ihr und mir.

Natürlich dürfen wir auch für uns selbst beten, danken und bitten. Ein Beispiel dafür:

Gott, jeder Morgen ist von dir geschenkt.
Lass mich den Tag neu in seiner Einmaligkeit erleben,
achtsam und sorgsam für das Kleine.
Jeder Tag, eine Gabe und Aufgabe.
Ich will spüren, was ist,
mich nicht ängstigen und ausruhen.
Lehr mich, jeden Tag
bewusst zu leben.

Impuls: Ich schenke jemandem etwas zum Essen. Es kann auch eine Schokolade sein.

Gott Überraschungen zutrauen

Gibt es Wunder? Heute dachte ich: Doch, es gibt sie! Der Schwiegersohn einer mir gut bekannten Familie war an Krebs erkrankt. Operationen, Chemotherapien usw. ließen die Angehörigen zwischen Hoffen und Bangen hin- und herschwanken. Die junge Gattin war oft sehr verzweifelt. Nun kam der Bericht, dass keine Metastasen mehr zu sehen seien und erst in vier Monaten wieder ein

Kontrolltermin nötig sei. Wenigstens für diese Zeit hat ihr Leben wieder Qualität. Man kann sich die Erleichterung aller, besonders des jungen Paares, vorstellen. Ich selbst hatte auch immer wieder um seine Heilung gebetet, obwohl ich manchmal innerlich doch etwas gezweifelt hatte, ob es hilft. Und jetzt? Ich bin einfach nur dankbar und ein bisschen beschämt ob meines Kleinglaubens.

Wahrscheinlich gibt es im Alltag mehr Wunder, als wir meinen, weil doch vieles, eigentlich alles, nicht selbstverständlich ist.

Beim Besuch einer jungen Mutter, deren Kind an einer chronischen Krankheit leidet, berührte und beeindruckte mich ihre Fröhlichkeit, obwohl sie auch oft an die Grenzen ihrer Belastbarkeit kommt. Ihr Optimismus ist auch verwunderlich, wortwörtlich.

Gott gebe dir
für jeden Sturm einen Regenbogen,
für jede Träne ein Lachen,
für jede Sorge eine Aussicht,
und eine Hilfe in jeder Schwierigkeit.
Irischer Segenswunsch

Impuls: Welche Alltagswunder habe ich heute erlebt?

Vertrauen üben

Ein muslimischer Asylwerber wollte über Vermittlung einer Mitarbeiterin ein Gespräch mit mir.

Es quälten ihn furchtbare Ängste. Zum einen war es die große Sorge, wieder abgeschoben zu werden, zum andern war er überzeugt, dass andere Flüchtlinge ihm Böses gewünscht, ihn verflucht haben. Nun fürchtete er sich vor bösen Geistern, wie er selbst sagte. Wir redeten einige Zeit miteinander. Am Ende machte ich ihm den Vorschlag, er solle sich jeden Morgen mit offenen Händen vor Allah hinstellen und das folgende Gebet sprechen:

Möge die göttliche heilende Kraft durch mich fließen,
mich reinigen, stärken, heilen,
mich mit Liebe erfüllen,
mit innerer Wärme und Licht,
mich schützen und führen auf meinem Weg.
Ich danke dir, Gott / Allah, dass dies geschieht.

Was kann man Besseres tun, als sich von Gottes Liebe und Hilfe umhüllen zu lassen? Die ist stärker als alle dämonischen Einflüsse. Jedenfalls hoffe ich, dass der Mann von seinem Druck befreit wurde. Im Grunde konnte ich ihm nur meine Glaubensüberzeugung mitgeben.

Diese Übung kann für uns alle ermutigend sein, wenn wir Problemen und Schwierigkeiten ausgesetzt sind, auch an ganz gewöhnlichen Tagen.

Impuls: Ich spreche bewusst mehrmals dieses Gebet.

Gelassen sein

So etwa um die Monatsmitte bringe ich einem älteren Ehepaar die Krankenkommunion.
Sie war gerade achtzig geworden und zeigte mir voll Freude das Album mit den Fotos von ihrem schönen Fest. Dabei leidet sie chronisch an Knieschmerzen. Trotzdem hat sie sich einen guten Humor bewahrt. Wir haben „ausgemacht", dass sie baldigst einen Facharzt aufsucht und mir dann das nächste Mal berichtet, was weiter geschehen soll, damit es ihr besser geht.
Ich suchte gleich dessen Telefonnummer heraus.
Der Mann, der früher Landwirt war, kann jetzt nicht mehr gehen und nur noch am Tisch sitzen oder im Bett liegen. Ich muss ihn bewundern, denn er ist nie schlechter Laune. „Wozu jammern", sagte

er, „das bringt sowieso nichts. Mir geht es gut, ich bin zufrieden!"

Er liebt es, wenn wir von früher reden, denn wir beide können uns gut an die „alten Zeiten" erinnern, z. B. wie es „damals" war, als er mit seinen Pferden bei jeder Beerdigung den Leichenzug anführte. Da gab es so manche Episoden. Sogar die Pferde wussten sofort, dass sie sich jetzt ruhig verhalten mussten, wenn er ihnen die schwarzen Tücher überwarf.

Mich beeindruckt die Gelassenheit und Lebensweisheit dieser beiden. Ich gehe immer auch selbst beschenkt von ihnen fort, nicht nur wegen der Eier, die mir die Frau jedes Mal mitgibt, denn sie hegt und pflegt viele Hühner.

Er gebe uns ein fröhlich Herz,
erfrische Geist und Sinn
und werf all Angst, Furcht, Sorg und Schmerz
in Meeres Tiefe hin.
Paul Gerhardt

Impuls: Bin ich ein „gelassener" Mensch? Was lasse ich heute sein oder los?

Arm sein vor Gott

Ich hatte die Beerdigung für einen Mann übernommen, der vor etwa fünfzig Jahren von der Steiermark zu uns gekommen war. Obwohl Analphabet, fand er doch bald eine Beschäftigung als Hilfsarbeiter, heiratete dann ein Stockmädchen vom Krankenhaus. Beide waren fleißig und lebten in einer ordentlichen Wohnung. Sie gehörten sicher nicht zu den „Besseren" oder „Beachteten". Nun ist der Mann 76-jährig gestorben.

Die einfache Frau, zehn Jahre älter als er, sagte zu mir: „Ich bin zufrieden, mehr als zufrieden. Man kann im Leben nicht alles haben, aber wir hatten es schön miteinander. Einmal reicht's. Sterben ist ein Teil vom Leben. Der Herrgott hat es gut gemeint mit uns!" Eine beachtliche Lebensweisheit.

Bei der Totenwache hatten sich einige wenige eingefunden. Aber, und das freute mich besonders, sie wurde ganz liebevoll und schön von zwei Frauen gestaltet, mit ansprechenden, sinnvollen Texten, Liedern, Gebeten und Orgelbegleitung.

Ich fand es schön, dass einem so einfachen Menschen ein würdevoller Abschied bereitet wurde, dass auch er in einem ansprechenden Gottesdienst Wertschätzung erfahren durfte. Vor Gott zählen die Menschen im Hintergrund genauso viel wie die, die im Scheinwerferlicht der Gesellschaft stehen.

Wenn Gott den Menschen misst,
legt er das Maßband
nicht um den Kopf,
sondern um das Herz!
Aus Irland

Impuls: Ich lese die Seligpreisungen in der Bibel: Matthäus 5,1–12

Ermutigungen

Die eigene Melodie finden

Ein wunderschönes Kirchenkonzert rundete den Tag ab. Dabei wurden einige Stücke auf dem Marimbaphon gespielt. Ich war ganz fasziniert von dem Instrument, das ich nur dem Namen nach kannte. Es ist einem Xylophon ähnlich, nur viel, viel größer, und hat einen ganz feinen Klang. Vor allem beeindruckte mich der Musiker, der mit vier oder sechs Schlägeln zugleich spielte, und das alles auswendig. Berührende Melodien füllten den Raum. Ein Stück stammte von Evelyn Glennie, einer britischen Schlagzeugerin und Komponistin. Aufgrund einer Nervenkrankheit verschlechterte sich ihr Hörvermögen auf 20 Prozent. Seither nimmt sie die Töne hauptsächlich über Vibrationen wahr. Dennoch schrieb sie dieses herrliche Musikstück.

Ich finde es großartig, wenn Menschen trotz verschiedener Beeinträchtigungen ihr Leben so positiv und kreativ gestalten, das Beste aus ihrer Situation machen. Dasselbe tun viele, die Schicksalsschläge hinnehmen mussten und möglichst gut damit umzugehen lernten. Zu diesen zählen einige Bekannte, denen ich im Konzert begegnete. Sie alle „komponierten" aus den leidvollen Erfahrungen eine wunderbare Melodie, geprägt von den

Dur- und Moll-Akkorden der guten und schweren Tage, die sie erlebten. Sie sind nicht verbittert, sondern können trotz allem sich wieder freuen und lachen.

Trotzgedicht

Trotz aller Zweifel
trotz aller Angst
trotz aller Schmerzen
trotz aller Schuld
trotz aller Trauer
trotz aller Hoffnungslosigkeit

der Resignation trotzen

und dem Leben
mutig und scheu
zulächeln.
Alexander Jehle

Impuls: Falls ich ein Instrument spielen kann, nehme ich mir heute Zeit zum Musizieren. Ansonsten könnte ich eine Musik-CD auflegen und die Melodien genießen.

Zufall oder Fügung?

Manches ist schon seltsam. Ich besuchte einen sterbenden Organisten, mit dem ich viel Kontakt hatte. Schon tagelang warteten wir alle, dass er wirklich gehen konnte, und wünschten ihm, dass er hoffentlich bald erlöst werde.

Bevor ich mich verabschieden musste, beteten wir noch mit ihm, für ihn, und sangen das Lied: *Meine Hoffnung und meine Freude, meine Stärke, mein Licht. Christus, meine Zuversicht, auf dich vertrau' ich und fürcht' mich nicht ...!* Ich war etwa zwei Kilometer gefahren, als ich merkte, dass ich meinen Schal vergessen hatte. Deshalb kehrte ich um, um ihn zu holen. Da kam mir schon der Sohn entgegen und sagte: „Jetzt ist er gerade gestorben!" Alle Anwesenden meinten: „Das ist wirklich eine gute Fügung, dass du wegen des Schals umgekehrt bist und jetzt mit uns Abschied nehmen kannst!"

Gibt es nicht in unser aller Leben so manche Fügungen, die wir im Nachhinein als für uns wichtig und wertvoll betrachten? Dass dieses und jenes genau so und zu diesem Zeitpunkt passiert ist. Ein Zufall? Eine Laune des Schicksals oder die Einwirkung eines gütigen Gottes? Wie immer, sei es bei einem schlimmen Ereignis oder bei einem besonderen Glücksfall, wir haben oft den Eindruck, dass da „höhere Mächte" mit im Spiel oder die Ursache waren.

Bischof Benno Elbs erzählte, dass er einen Priesterfreund bei dessen 60-jährigem Priesterjubiläum gefragt habe, was für ihn eine entscheidende Erkenntnis oder prägende Lebenserfahrung gewesen sei. Seine Antwort lautete: „Alles hat sich gut gefügt!" Schön, wenn man das rückblickend für sich sagen kann. Ein großes Geschenk!

Nichts soll dich verwirren,
nichts dich erschrecken.
Alles geht vorbei.
Gott allein bleibt derselbe.
Die Geduld erreicht alles.
Wer Gott hat, dem fehlt nichts.
Gott allein genügt!
Hl. Teresa von Ávila

Impuls: Ich nehme mir heute Zeit, um bei einem Spaziergang oder an einem ruhigen Platz sitzend darüber nachzudenken, was in meinem Leben gute Fügungen waren, für die ich sehr dankbar bin. Sicher gibt es welche.

Die Stärke in der Schwäche

Von Zeit zu Zeit schickt sie mir eine E-Mail oder ruft mich an. Ich kenne sie schon seit vielen Jahrzehnten. Sie lebt in einer guten Ehe. Auch beruflich passt alles, aber sie kämpft schon längere Zeit mit ihrem Alkoholproblem. Ich schätze es als Zeichen ihres Vertrauens, dass sie mich auf dem Laufenden hält, und lobe sie für ihre Offenheit und Ehrlichkeit. Sie verdrängt nichts und unternimmt Verschiedenes: Therapien, körperliche Aktivitäten und mentales Training.

Heute kam wieder ein Anruf. Ihre Stimme klang recht frisch, und ich spürte, dass sie bei ihrem „Thema" wirklich dran ist.

Angeblich von Augustinus stammt der Satz: *Wenn mich auch der Abend nicht als Sieger findet, soll er mich doch als Kämpfer finden!*.

Der Erfolg ist im Leben nicht das Wichtigste. Es macht den Menschen noch größer, wenn er auch seine Schwächen kennt und gleichzeitig mit seinen Stärken arbeitet.

Auch Paulus spricht von einem „Stachel im Fleisch", der ihn quält. Er bittet Gott, ihn davon zu befreien. Aber Gott antwortet nur: „Es genügt dir meine Gnade!"

Manche Krankheiten können nicht geheilt werden. Aber wir können lernen, möglichst gut mit dem zu leben, was uns als Teil unseres Lebens aufgelastet wird.

Ich zähle den Anruf dieser Frau zur positiven Bilanz des Tages. Menschen wie sie ermutigen auch andere, nicht dauernd an den Schwachstellen herumzukrebsen, das Handtuch zu werfen, innerlich zu resignieren, sondern einfach zu tun, was ihnen möglich ist.

Mit einem Tropfen Freude,
Herr, tränke unsern Tag.
Gib, dass in der Last, im Leide
ein Spalt noch leuchten mag.

Wir sind in dir geborgen,
der du die Mitte bist.
Herr, jeder neue Morgen
ganz deine Gabe ist.
Hedwig-Maria Winkler

Impuls: Was ist das Positive an meinen Schwachstellen?

Die Gesamtschau ist wichtig

Ein befreundetes Ehepaar, dem ich schon viele Jahre verbunden bin, feierte die goldene Hochzeit. Wir saßen miteinander am Küchentisch, um den Gottesdienst vorzubereiten.

Am Schluss fragte ich sie, ob sie mir wichtige Lebenserfahrungen aus diesen gemeinsamen fünfzig Jahren erzählen könnten. Die erste Antwort lautete: „Dass wir von vielen Leuten mitgetragen wurden."

Diese Einsicht kann ich nur bestätigen. Ein Netz guter Beziehungen zu haben, ist für uns alle ganz wertvoll und hilfreich. Wir brauchen den sozialen Rückhalt, um gut und sinnvoll leben zu können.

Eine zweite Erkenntnis betonten sie: „Das, was man hat, kann so schnell verloren gehen!" Sie meinten damit wohl das Geschenk der Partnerschaft, der Liebe, der Familie, der Kinder und all dessen, was nicht selbstverständlich und machbar ist. Wie wahr: Wir können uns nur immer neu beschenken lassen – vom Leben, von anderen, von Gott und sollen diese Lebensschätze sorgsam hüten.

Damit kamen wir auf ein weiteres Thema zu sprechen: Mit den Jahren verstärkte sich in ihnen das Gefühl der Dankbarkeit, vor allem auch für ihr gemeinsames Leben und für das Glauben-Können. Darin fanden sie viel Kraft und Ermutigung.

Auf meine Frage, was sie ihren Kindern für deren eigene Ehe mitgeben möchten, sagten sie: „Man muss immer wieder neu zueinander Ja sagen!"

Ein schönes Resümee ihrer gemeinsamen fünfzig Jahre!

Danke für jede Gabe,
so wird dir jede zum Segen!
Johann Kaspar Lavater

Impuls: Sicher gibt es jemand, der oder die sich über einen Glückwunsch von mir freuen würde.

Anders, als man denkt

Wir feierten eine Alp-Messe. Etwa 200 Leute waren gekommen. Wegen des schlechten Wetters mussten wir allerdings in den Stall übersiedeln. Bethlehem heute, mit dem Geruch der Tiere und des Mistes statt Weihrauch und mit dem authentischen Ambiente. Alle waren spürbar mit dem Herzen dabei, sangen und beteten kräftig mit. In den Zeichen von Brot und Wein, in unseren eigenen Herzen wurde Jesus aufs Neue „geboren".

Viele kamen nachher und bedankten sich, weil sie sich offensichtlich innerlich angesprochen fühlten. Das anschließende miteinander Essen und Trinken verstärkte noch die Gemeinschaft. Natürlich musste ich im Dialekt und etwas „freihändig" predigen. Ich denke, dass allein schon die Sprache dazu beitrug, die Menschen zu erreichen.

Wären nicht manchmal ein einfacherer Rahmen, eine spontanere Gestaltung und eine natürlichere Sprache als üblich in unseren Gottesdiensten hilfreich?

Jedenfalls haben sich viele von dieser Feier beschenkt gefühlt, ich auch, und dafür bin ich zutiefst dankbar. Eigentlich war der Regen daran schuld, dass die Messe drinnen gefeiert werden musste. Alles hat etwas Gutes an sich, auch ein nasstrüber Sonntag in den Bergen.

Und wenn der Himmel regnen will,
so weiß er, was er tut.
Er spielt ein großes Gnadenspiel
mit seiner warmen Flut!
Lied

Impuls: Am nächsten Regentag könnte ich …

Es ist mehr möglich, als wir oft meinen

Oft ist schon erstaunlich, was Einzelne zustande bringen.

Ein Bekannter von mir hat es sich als Pensionist zur Aufgabe gemacht, in Burkina Faso, einem der trockensten Gebiete in Afrika, den Bau von Brunnen zu initiieren.

Nun veranstaltete er ein kleines Fest, weil er schon 25 Brunnen finanzieren konnte, und es werden wohl noch weitere dazukommen. In seinem Bemühen, immer neue Geldquellen zu finden, ist er sehr kreativ. Zum Beispiel bekommt jeder Brunnen ein Täfelchen, auf dem die Namen der Spender stehen, und dann schickt er ihnen ein Foto davon.

Mit dieser Aktion angefangen hat der rührige Senior vor Jahren anlässlich seiner eigenen Geburtstagsfeier. Er bat die Gratulanten, ihm statt irgendwelcher Geschenke eine Spende zu geben, um in diesem Armutsgebiet Brunnen schlagen zu lassen, damit Menschen und Tiere das nötige Wasser haben.

Als Motto für seine Tätigkeit wählte er den Satz: „Lasst das Licht nicht ausgehen!" Genau das tut er fortlaufend. Er zündet Hoffnungslichter an, damit die Bewohner in diesem Land wieder eine Perspektive für die Zukunft sehen.

Ich denke: Wirklich großartig, was er alles bewegt. Es ist ihm einfach ein Anliegen, dort zu helfen, wo es ganz nötig ist. Früher habe ich oft in die Poesiealben der Schülerinnen geschrieben: „Es gibt nichts Gutes, außer man tut es!" (Kurt Tucholsky). Wie wahr!

Es müssen ja nicht gleich Brunnen sein, aber da und dort können wir auch das Leben zum Fließen bringen. Liebe ist erfinderisch.

Ihr seid das Licht der Welt. So soll euer Licht vor den Menschen leuchten, damit sie eure guten Werke sehen und euren Vater im Himmel preisen!
Matthäus 5,14.16

Impuls: Ich setze mich hin, trinke dankbar ein Glas Wasser oder zünde eine Kerze an und überlege, wem ich heute ein „Licht" schenke.

Nicht aufgeben

Das Wetter passte bestens. Ein wolkenloser Tag.

Wir unternahmen zu zweit eine Bergtour auf den Zitterklapfen. Ein bisschen herausfordernd von der Länge und den Anforderungen her. Als wir den Grat erreicht hatten, wehte dort oben ein gewaltiger Föhnsturm. Zwei Bergsteiger vor uns waren deshalb schon umgekehrt, zwei, die nach uns kamen, machten dasselbe.

Aber wir wollten unbedingt auf den Gipfel. Tief gebückt arbeiteten wir uns höher. Mit einer Hand musste ich meinen Hut festhalten. Den wollte ich nicht verlieren, denn der Wind war ziemlich frisch. Und die andere Hand brauchte ich zum Klettern. Aber schließlich gelang es uns doch, die Spitze zu erreichen. Die Jause wurde natürlich gestrichen. Wir mussten schauen, wieder gut herunterzukommen. Die Stärkung konsumierten wir dann weiter unten in einem ruhigen Winkel.

Mich freute ganz besonders, dass wir nicht gleich aufgegeben, sondern wirklich durchgehalten hatten und so das ersehnte Ziel erreichen konnten. Es war ein kleiner Sieg über uns selbst, der mich abends zufrieden einschlafen ließ.

Ein Beispiel fürs Leben. Natürlich bin ich nicht immer so ausdauernd und verliere schnell einmal die Geduld. Aber das Durchhalten und die Ausdauer lohnen sich. Und die Freude über den Erfolg deckt alle Anstrengungen und die Mühe zu.

Impuls: Falls mir eine Arbeit, eine Tätigkeit verleidet ist, könnte ich eine kleine „Fleißaufgabe" drauflegen!

Über das Leben nachdenken

Was es nicht alles gibt! Ich war zu einem „philosophischen Abendessen" im privaten Rahmen eingeladen. Etwa zwanzig Personen, die sich großteils gar nicht kannten, nahmen daran teil. Die Gastgeberin und der Gastgeber warteten mit einem ausgezeichneten griechischen Menü auf. Vor den einzelnen Gängen sollte ich einige Inputs zum Thema „Sinn des Lebens" geben. Während des Essens und Trinkens konnten dann die Anwesenden ihre eigenen Gedanken dazu austauschen. Es entwickelten sich angeregte Gespräche. Zum Beispiel erzählte ich eine Geschichte: In einer lockeren Gesellschaft wurden die Gäste gebeten, einander zu sagen, ob es für sie ein besonderes Wort, einen wichtigen Satz oder Spruch gibt, das oder der für sie prägend ist, ihre Lebenseinstellung zum Ausdruck bringt. Alle möglichen Themen kamen darauf hin zur Sprache.

Ich fand es wirklich schön und beeindruckend, wie rasch sich an den Tischen ernsthafte Dialoge entwickelten, nicht nur ein bei solchen Anlässen üblicher „Smalltalk", ein oberflächliches Gerede. Ich bin diesem Ehepaar, das die gute Idee, Leute zum Miteinanderessen und -reden zusammenzubringen, realisierte, dafür sehr dankbar. Der Abend tat uns allen nicht nur leiblich, sondern auch seelisch wohl. So etwas sollte es öfters geben, auch innerhalb der Kirche.

Mit jedem hat Gott Besonderes vor.
Das zu wissen, kann unseren Tagen mehr Leben geben,
ob wir jung sind oder hochbetagt,
erfolgreich oder ein Pechvogel,
unbefangen oder durch eine tiefe Verletzung gezeichnet.
„Liebe deine Geschichte", sagt Leo Tolstoi, „sie ist der Weg, den Gott mit dir gegangen ist."
Franz Kamphaus

Impuls: Ich suche die Möglichkeit, mit jemandem über „Gott und die Welt" zu philosophieren.

In schweren Zeiten

Annehmen, was nicht zu ändern ist

Eine Frau, die Brustkrebs hat, schrieb mir:

„Im Moment geht es mir recht gut. Immer in den letzten Tagen vor dem Chemozyklus. Morgen bekomme ich die sechste Chemotherapie, und irgendwie gewöhnt sich der Körper auch an die Medikamente.

In etwa einem Monat folgt die Operation. Ich versuche, viel im Wald zu laufen, wenn's gut geht, auch aufwärts, lese viel und ruhe mich aus. Das Gebet am Schluss deiner Predigt hat mich sehr inspiriert:

Jesus, hilf mir, das aufzugeben, was mein Leben einengt, was mich in mir selbst gefangen hält. Gib mir den Mut, in kleinen Schritten in die Freiheit aufzubrechen. Wecke in mir die Sehnsucht nach gutem Leben für mich und für andere. Lass mich begreifen, dass Erlösung immer mit Loslösen und Loslassen zusammenhängt.

Das ist auch mein Thema. Ich versuche sogar, den ‚Krebs' hereinzulassen und ihn anzunehmen, so gut es geht. Der Tumor hat sich verkleinert, und so darf ich wieder neue Hoffnung haben."

Ich besuchte sie ein paar Tage später und war beeindruckt von ihrer Stärke und Zuversicht. Sie freut sich schon auf die Hochzeit ihrer Tochter in gut einem halben Jahr.

Solche Menschen sind ein Geschenk, weil sie andere ermutigen, ihr Schicksal anzunehmen und das Beste daraus zu machen.

Gott, gib mir die Gelassenheit,
Dinge hinzunehmen, die ich nicht ändern kann,
den Mut,
Dinge zu ändern, die ich ändern kann,
und die Weisheit,
das eine vom anderen zu unterscheiden.
Friedrich Oetinger

Impuls: Was kann ich nicht ändern? Was werde ich ändern?

Entscheidungen treffen

Zuerst freute mich eine SMS, die ich aus Südafrika erhalten habe. Eine Frau, die ihren Gatten durch einen Unfall auf tragische Weise verloren hat, besuchte ihren Sohn und seine Familie im südlichsten Land Afrikas. Obwohl die letzten Monate für sie sehr hart waren, hat sie sich doch zu dieser Reise aufgerafft und schließlich sich sogar darauf gefreut. Ich finde es positiv, dass sie sich – wenn auch mit schwerem Herzen – auf den Weg gemacht hat. Und jetzt schrieb sie mir, dass sie es schön habe, auch wenn manchmal die Trauer aufsteige.

Dann hatte ich ein weiteres freudiges Erlebnis: Eine sehr pflegebedürftige Frau hat sich entschlossen, in ein Pflegeheim zu gehen, weil ihr Zustand immer schlechter wurde und sie professionelle Hilfe und stationäre Betreuung braucht. Sie sagte zu mir: „Bevor mir andere nahelegen, du musst jetzt ins Heim, weil das Bleiben zu Hause nicht mehr möglich ist, sage ich lieber selbst: *Ich gehe jetzt dorthin!*" Ihre Willenskraft, ihre Entschiedenheit, ihre Ehrlichkeit freuen mich. Dazu braucht es viel Mut!

Sie erklärte weiter: „Ich weiß, dass es mit mir immer mehr abwärts und langsam dem Ende zu geht. Aber ich habe keine Angst davor. Ich lasse mich einfach in die Hände Gottes fallen!" Dieser starke Glaube beeindruckt wirklich!

Sterben ist nichts anderes
als das Umwenden einer Seite im Buche des Lebens.
In den Augen der anderen ist es der Tod.
Für die aber, die sterben, ist es das Leben!
Hazrat Inayat Khan

Impuls: Es ist keine makabre, sondern eine wertvolle Übung, sich zu überlegen: Was möchte ich, dass auf meiner Todesanzeige über mich steht?

Erstaunliche Kraft

Sie lachte, war freundlich, servierte mir Tee und einen selbst gemachten Kuchen. Dabei hat sie es sehr schwer, denn ihr zweites Kind leidet an Mukoviszidose, einer schweren Stoffwechselerkrankung.

Zweimal täglich muss der Kleine inhalieren, mit dem Essen ist es ein dauerndes Problem, er darf mit keinen ansteckenden Keimen in Berührung kommen. Dazu die laufenden Kontrolltermine in der Klinik, bald wieder der nächste Arztbesuch, und so geht es tagein, tagaus. Von den Nächten gar nicht zu reden. Mich wundert, wie sie das alles – zusammen mit ihrem Mann und der älteren Tochter – schafft.

Trotzdem hat sie sich ihren Humor bewahrt. „Nur manchmal habe ich einen Durchhänger", meinte sie.

Sie ist trotz allem auch in der Pfarrgemeinde engagiert und geht samstags arbeiten, „damit ich wenigstens einen Tag in der Woche unter andere Leute komme".

Solche Menschen sind zu bewundern. Ich staune, woher sie ihre Kraft findet, denn die Atempausen sind kurz. Nur nebenbei erwähnte sie, dass ihr der Glaube Kraft gibt.

Wenn ich daran denke, worüber manche Leute sich aufregen, dann jammern diese auf hohem Niveau. Aber, Gott sei Dank, gibt es solch starke Frauen und Männer wie diese Mutter, bei denen die Liebe Hand und Fuß bekommt.

Die „neuen" Werke der Barmherzigkeit

Einem Menschen sagen:
Du gehörst dazu!
Ich höre dir zu!
Ich rede gut über dich!
Ich gehe ein Stück mit dir!
Ich teile mit dir!
Ich besuche dich!
Ich bete für dich!
Bischof Joachim Wanke

Impuls: Wen könnte ich wieder einmal besuchen?

Neuer Geschmack am Leben

Von Zeit zu Zeit besuche ich eine Frau, die vor einigen Jahren ihren Mann verloren hat.

Nun erzählte sie mir, dass sie manchmal das Gefühl habe, er sei ganz real da. Zudem pflege sie von Zeit zu Zeit ein ganz besonderes Ritual, oder ist es einfach eine meditative Übung?

Wenn sie sehr allein sei, gehe sie in Gedanken über eine Grenze in eine wunderschöne Wiese. Dort stehe eine Holzbank, auf der sie beide einfach miteinander sitzen, reden, und das Zusammen-Sein genießen. „Er ist da ‚hüben und drüben'", wie sie wörtlich sagte. Manchmal kommen auch die Eltern hinzu und gehen dann wieder. Deshalb fühle sie sich eigentlich nicht allein. Ich freue mich über ihre Offenheit und dass sie offensichtlich mit ihrer Situation leben gelernt hat.

Sie erklärte mir auch, dass sie mit ihren Nichten gelegentlich auf einen Markt gehe. Zudem habe sie auch schon für nächsten Sommer einen Urlaub in Griechenland gebucht, ebenfalls mit einer siebzehnjährigen Nichte. Nach den Jahren, in denen sie sich doch ziemlich zurückgezogen hatte, wirklich positive Zeichen, die sichtbar machen, dass sie ihren Weg wieder gefunden hat. Ihr Leben ist jetzt sicher anders als früher, aber sie kann es auf neue Weise genießen.

Man muss sein Leben aus dem Holz schnitzen, das einem Gott in die Hände gab.
Theodor Storm

Impuls: Jeder Gruß ist eine kleine Öffnung nach außen. Deshalb grüße ich die Menschen, denen ich begegne, auch fremde.

Kinder sind ein Geschenk des Himmels

Wir erlebten eine wirklich berührende Tauffeier. Vor etwa zwei Jahren hatte das junge Paar sein erstes Kind bekommen, aber es war eine Totgeburt. Man kann sich den Schmerz der Eltern vorstellen, die sich so sehr auf die kleine Elena gefreut hatten. Ein Jahr später heirateten sie, und jetzt durfte ich Leander, ihr zweites Kind, taufen.

Als alle anwesenden Gäste dem Täufling ein Kreuzzeichen auf die Stirne machten, spürte man, wie sich jede und jeder mit Mama und Papa freute, dass sie nun einen gesunden Sohn haben. Ein großes Geschenk!

Besonders schön fand ich, dass sie bei den Fürbitten ausdrücklich auch an ihr erstes Kind dachten und Gott baten, dass Elena im Himmel und Leander auf Erden glücklich sein mögen.

Es ist gut, auch den verstorbenen Kindern einen Platz in der Familie zu geben. Die gehören genauso dazu wie die lebenden. Wir dürfen glauben, dass sie uns so nahe sind und bleiben wie Gott selbst. Sie sind die besonderen Fürsprecher bei Gott, so eine Art „Schutzengel" für die Angehörigen.

Die Barmherzigkeit Gottes ist wie ein Himmel,
der stets über uns fest bleibt.
Unter diesem Dach sind wir sicher,
wo auch immer wir sind.
Martin Luther

Impuls: Ein kleines Geschenk oder Angebot für die Enkelkinder, für ein Kind aus der Verwandtschaft oder dem Bekanntenkreis ist ein lieber Gruß.

Ehrfurcht haben

Nach einer Totengedenkfeier sprach mich eine relativ junge Frau an. Sie saß in einem Rollstuhl und hatte auch mit dem Sprechen etwas Mühe. Ob sie nicht einmal mit mir reden könne, bat sie.

Ich besuchte sie daheim und erfuhr, dass sie an Multipler Sklerose leidet. Natürlich macht das ihr selbst, aber auch den beiden Töchtern und dem Gatten zu schaffen.

Nun, bei meinem ersten Besuch kamen verschiedene Themen zur Sprache: vieles nicht mehr tun können, auf Hilfe angewiesen sein, sich minderwertig fühlen, berufsunfähig sein, warum gerade ich? Und, und …

Trotzdem beeindruckte mich ihre Offenheit und Ehrlichkeit. Obwohl es ein äußerst schwieriger Weg für sie und die ganze Familie ist, spürte ich ihre positive Ausstrahlung. Wirklich beachtlich! Ich ging eigentlich als Beschenkter von ihr weg.

Sie provozierte in mir die Frage, wie denn ich so eine Situation annehmen könnte. Ich wurde irgendwie ehrfürchtig vor ihrem Lebensschicksal und der Art und Weise, wie sie damit umgeht.

Es wäre wohl eine große Gnade, wenn wir mit Blaise Pascal beten könnten:

Herr,
ich bitte nicht
um Gesundheit,
nicht um Krankheit,
nicht um Leben,
nicht um Tod.

Ich bitte aber:
Nimm meine Gesundheit,
meine Krankheit,
mein Leben,
meinen Tod
in deine Hand.

Impuls: Ich versuche, dieses Gebet nachzusprechen. Was löst es in mir aus?

Das Herz wird nicht dement

Wir feierten bei einer Erholungswoche für Demenzkranke und Angehörige eine hl. Messe.

Es hat sich sehr bewährt, wenigstens einmal jährlich für diese Kranken und die pflegenden Angehörigen eine solche Urlaubsmöglichkeit anzubieten, in der beide Teile nicht nur einen Tapetenwechsel erleben, sondern auch wohltuende Angebote und ein gute Begleitung vorfinden.

Es bedeutet eine ungeheuer große Aufgabe und ist oft auch eine Dauerbelastung, demente Familienangehörige, sehr oft sind es die Ehepartner, zu betreuen.

Bei dieser Seniorenerholung wird manches gemeinsam unternommen. Einige Angebote richten sich an die geistig gesunden Partnerinnen und Partner.

Was mich besonders bewegte, war der liebevolle Umgang der Ehepartner oder auch der Kinder mit ihren Desorientierten. Ich erlebte, wie sie mit Geduld und zärtlicher Zuwendung die Dementen liebevoll begleiteten, sich ganz ihrem Tempo anpassten und ihnen das Gefühl der Sicherheit vermittelten. „Das Herz wird nicht dement", heißt es. Die Bestätigung fand ich hier in diesem Kurbad, wo sie bestens aufgehoben waren.

Bei der Eucharistiefeier waren alle sehr aufmerksam dabei. Die altbekannten Lieder konnten sie kräftig mitsingen, und die Rituale waren ihnen vertraut.

So ein Gottesdienst ist immer auch für mich selbst sehr bereichernd. Hier kommt das Wesentliche zum Vorschein: die Liebe Gottes, die unter uns Menschen weiterfließt.

Gott gebe für jedes Problem,
das das Leben schickt,
einen Freund, es zu teilen,
für jeden Seufzer ein schönes Lied
und eine Antwort auf jedes Gebet.
Irischer Segenswunsch

Impuls: Ein Spaziergang mit jemandem würde wohl beiden Beteiligten guttun.

Wir sind die Werbung Gottes

Eine interessante Fachtagung. Es ging um das Thema Hospiz- und Palliativ-Care. Die Vorträge waren insgesamt sehr gut. Zum Schluss sprach eine Frau zum Thema „Humor in der Begleitung von Sterbenden". Es gelang ihr ausgezeichnet, die Leute anzusprechen und ihnen gute Impulse mitzugeben. Bei aller Schwere des Themas, bei allen bedrückenden Situationen, in die man bei dieser Aufgabe hineingezogen wird, gibt es doch immer wieder Anlässe, bei denen man über irgendetwas herzlich lachen kann. Ihr Referat war auch gewürzt mit vielen Beispielen und aufbauenden Sprüchen. Einer lautete: „Als mich der Herrgott schuf, hat er angeben wollen!"

Daraus spricht nicht nur ein gesundes Selbstbewusstsein, sondern auch eine gewisse Selbstironie.

Natürlich wussten alle Zuhörerinnen und Zuhörer, dass das doch übertrieben formuliert ist, weil niemand so perfekt ist, dass sie oder er meinen darf: Ich bin das beste Modell, das Gott entworfen und geschaffen hat.

Und dennoch weckte dieser Satz ein Lächeln in mir. Wenn ich es Gott schon wert bin, dass er mir das Leben geschenkt hat, wenn ich mich als sein Abbild bezeichnen darf, dann muss doch auch bei mir etwas von ihm, seiner Größe und Liebe aufleuchten.

Ich weiß um meine Schwächen, kenne meine Grenzen, dennoch – Gott hat auch mit mir angeben wollen, sonst hätte er mich nicht in die Welt gesetzt.

Vielleicht wäre es gut, sich diesen Ausspruch öfters vorzusagen. Damit bauen wir uns selbst auf, und gleichzeitig holen wir uns herunter von irgendwelchen hohen Rössern.

Impuls: Ich sage mehrmals laut: „Als Gott mich schuf, hat er angeben wollen!" Wie klingt das?

Das Herz ist der
Schlüssel der Welt

Sterne leuchten lassen

Eine Frau, die um ihren verstorbenen Partner sehr trauert, schrieb mir einen Brief, in dem sie schilderte, wie es ihr geht, was sie belastet, was ihr guttut. In diesem Zusammenhang verwies sie auch auf einen Buchabschnitt von mir, in dem ich Trauernde ermutige, auf sich zu schauen und lästige Besucher oder neugierige Frager von sich zu halten. Bei Leuten, die nicht wirklich zuhören können oder nur von sich selbst erzählen, soll man nach dem Wort Jesu den Staub von den Füßen schütteln und weitergehen. Ohne schlechtes Gewissen.

Das Vertrauen, das in ihrem Brief zum Ausdruck kam, freute mich, ebenso auch, dass sie offensichtlich den Mut gefunden hat, mehr auf ihre innere Stimme zu hören und auf die eigenen Gefühle zu achten.

Bei einem Abendessen mit zwei ehemaligen Mitarbeiterinnen wurde mir wieder einmal mehr bewusst, dass im täglichen Leben und auch im Zusammenarbeiten gute Beziehungen das Wichtigste sind. Wie viele Weiterbildungen, Supervisionen und Klausuren werden zum Thema „Klima am Arbeitsplatz" veranstaltet! Bei allen Techniken und organisatorischen Maßnahmen vergisst man aber oft auf das Wichtigste: die Herzensbildung und gegenseitige Wertschätzung. Ohne die geht im Grunde gar nichts!

Es stimmt, was Rose Ausländer schreibt:

Immer sind es
die Menschen
Du weißt es
Ihr Herz
ist ein kleiner Stern
der die Erde
beleuchtet.

Impuls: Durfte ich heute auch ein kleiner Stern sein, der die Erde beleuchtet? Für wen?

Herzmenschen sein

Wir feierten in einer Werkstätte für Menschen mit Beeinträchtigungen den 50. Geburtstag dieser Einrichtung. Zu diesem Anlass kamen viele von ihnen mit noblem Gewand, mit Anzug und Krawatte oder einem schönen Kleid. Ihre spontane Herzlichkeit berührte mich. Einige posierten mit mir für ein Foto, andere schüttelten kräftig meine Hand und wollten sie nicht mehr loslassen, wieder andere strahlten übers ganze Gesicht oder umarmten mich, weil wir uns schon lange kennen.

Ihre Freude kommt von innen und ist ehrlich. Warum fällt es uns oft schwer, uns mit natürlicher Herzlichkeit zu begegnen, die Gefühle zu zeigen? Mir fallen Sätze ein, die ich schon öfters zitiert habe: „Behindert ist, wer nicht lieben kann. Man ist nicht, sondern wird behindert. Folge deinem Herzen! Mauern entstehen im Kopf!" Und ähnliche Worte.

Die Begegnungen mit den Leuten in diesen Werkstätten und Wohngemeinschaften sind immer berührend, ganz wörtlich. Sie gehen mir unter die Haut. Ihre kreativen Produkte kaufe ich nicht aus Mitleid, sondern weil sie mir gefallen. Und in der Küche liegt ein von ihnen handgewobener Teppich. Beim Nachhause-Fahren begleitet mich ein Lächeln.

Viel Kälte ist unter den Menschen,
weil wir nicht wagen, uns so herzlich zu geben, wie wir
sind!
Albert Schweitzer

Impuls: Ich spüre in mich hinein: Wozu drängt mich heute mein Herz?

Versöhnlich leben

Ein Mann, dem vor Jahren von seiner Firma gekündigt werden musste, war in seinem Herzen immer noch tief enttäuscht, verletzt, verbittert. Die eigenen Schuldanteile sah er nicht. Es waren die „anderen", die ihm Unrecht getan hatten. Ein kleiner äußerer Anlass ließ den ganzen Zorn wieder in ihm aufsteigen. Er schrieb böse Mails mit schweren Vorwürfen und Drohungen an seine ehemaligen Vorgesetzten. Ich wurde gefragt, ob ich da nicht vermittelnd etwas tun könne. Nach einem ersten Kontakt war der Mann zu einem Gespräch unter sechs Augen bereit. Wir hofften, dass es uns gelingen würde, die alte Sache zu besprechen und zu begraben, damit beide „Parteien" einander wieder in die Augen schauen und in Frieden leben können.

Das Wunder geschah: Die Atmosphäre war relativ entspannt. Die Kontrahenten legten ohne lange Diskussion einander ihre Sichtweise dar und ließen sie so stehen. Niemand musste sich rechtfertigen oder entschuldigen. Sie schafften es auch zuzugeben, dass manches falsch gelaufen war. Zum Schluss tranken wir sogar noch ein Gläschen Sekt. Und ich war dankbar, dass ich bei der Versöhnung ein bisschen mithelfen konnte. Nicht immer gelingt das so schnell.

Es raubt die Lebensfreude, oft auch den Schlaf, wenn wir im Unfrieden leben, unzufrieden sind mit anderen und mit uns selbst. Wir handeln oft nach dem Grundsatz: „Wie du mir, so ich dir!", und meinen das meist negativ: „Wenn du mich nicht grüßt, grüße ich dich auch nicht!". Das Zurück-Zahlen bringt keinen Fortschritt. Wir sollten eine neue Lebensregel lernen: „Wie Gott mir, so ich dir!" Nachdem uns Gott immer seine Hand hinreicht, sollten wir es genauso machen.

Gott, lass mich nicht bitter und ungerecht werden.
Gib mir den Mut, auch die eigenen Fehler zuzugeben.
Lass mich die richtigen Worte finden und schenke mir die Kraft
zur versöhnlichen Geste.
Befreie mich von dem Urteil, das ich oft genug über andere fälle.
Hilf mir, die Mitmenschen mit den Augen der Liebe zu sehen
und sie auch, wenn es nötig ist, aus meinem Groll zu entlassen.
Ich möchte ein Mensch des Friedens sein.
Quelle unbekannt

Impuls: Ich lese laut dieses Gebet und setze es mit eigenen Worten fort.

Engel ohne Flügel

Wir feierten in einem Pflegeheim den Tag des Ehrenamtes. Die über sechzig freiwilligen Helferinnen und Helfer, die regelmäßig ins Haus kommen, mit Bewohnern, Bewohnerinnen reden, spielen, singen, mit Demenzkranken oder Rollstuhlpatientinnen und -patienten spazieren gehen und vieles mehr, bringen Abwechslung und viel Zuwendung zu den Menschen im Haus. Und vor allem Zeit, das Zeit-Haben für andere.

Was hier im Stillen an Gutem geschieht ... Auch die Hausleitung und das Personal schätzen diese Dienste.

Zuerst feierten wir miteinander einen Gottesdienst. In der Freundlichkeit, im treuen Da-Sein für andere, in der Geduld, die aufgebracht wird, leuchtet etwas von Gottes Menschenliebe und Treue auf. In der Lesung hörten wir die Worte des hl. Paulus, der uns auffordert, die verschiedenen Gaben, Charismen, die Gott uns geschenkt hat, zum Wohle der anderen und zur eigenen Freude einzusetzen. Der eine kann gut zuhören, die andere versteht es zu trösten. Der eine hilft praktisch und hält die Rollstühle instand, die andere steckt mit ihrem Singen die Seniorinnen und Senioren an, in den Gesang einzustimmen.

Anschließend gab es eine ausgezeichnete Jause mit Kuchen und Kaffee. Der Bürgermeister war extra gekommen, um den Dank der Gemeinde auszusprechen.

Alle diese freiwilligen Helferinnen und Helfer sind wirklich ein Geschenk des Himmels, Engel ohne Flügel, und man muss es ihnen auch manchmal sagen. Denn nichts ist selbstverständlich.

Einen Engel wünsch ich dir,
der dir unterwegs begegnet,
einer komm und bleib bei dir,
der dir hilft und der dich segnet.

Einen Engel wünsch ich denen,
die in Traurigkeit und Sorgen
sich nach Licht und Liebe sehnen,
einen Engel heut und morgen.
Ursula Koch

Impuls: Ich sage bewusst zu jemandem: „Ich danke dir für …"

Liebe, und tu, was du willst

Und doch! Ich feierte eine Trauung. Eigentlich nichts Besonderes. Ununterbrochen, wohl zu jedem Zeitpunkt, wird rund um die Welt geheiratet.

Und doch ist es jedes Mal etwas Einmaliges, weil sich zwei konkrete Menschen, die es nur einmal auf dieser Welt gibt, mit ihren je eigenen Geschichten und Beziehungen, das Jawort geben, so nach dem Motto: „Für die Welt bist du irgendjemand, für irgendjemand bist du die Welt!".

Das heißt, dass Braut und Bräutigam offensichtlich davon überzeugt sind, dass die Liebe das Wichtigste und Schönste im Leben ist.

Das Erstaunliche: Trotz aller Negativmeldungen, trotz der missglückten Ehen und Scheidungen, auch trotz allem, was auf dieser Erde an Unmenschlichkeiten passiert, glauben junge Menschen (und ältere, erfahrenere auch) an die Liebe.

Ist das nicht gewaltig? Steckt nicht letztlich hinter allem Kämpfen, Streiten, Besitzstreben zutiefst der Hunger, geliebt zu werden und zu lieben? Nur wird er oft auf die falsche Weise gestillt und pervertiert.

Also, ich freue mich, dass wir bei jeder Hochzeit die Liebe von zwei Menschen feiern.

Oft werde ich gefragt, wie viele Paare von denen, die ich getraut habe, noch beisammen sind. Ich weiß es nicht. Wichtiger ist mir die Erfahrung, dass sich immer neu Menschen lieben und sich lieben wollen. Aber man muss auch daran arbeiten. Hans Jellouschek, ein deutscher Paartherapeut, sagte in einem Vortrag: „Eine Ehe wird von selber schlechter!" Er meinte damit, dass man immer an der Beziehung arbeiten muss. Sonst besteht die Gefahr, dass man langsam auseinanderdriftet.

Ein Friedensgebet für die Hochzeitsmesse (nicht nur!) lautet:

Füreinander da sein,
einander verzeihen,
den ersten Schritt tun,
den anderen, die andere ausreden lassen,
sich nicht wichtig nehmen,
lieben und loslassen können,
bereit sein zu warten,
sich akzeptieren, wie er oder sie ist,
Vorurteile überwinden,
sich mit den Augen der Liebe sehen.
All das sind kleine Schritte zum Frieden!

Impuls: Eine Frage an mich persönlich: Ist die Liebe für mich tatsächlich das Wichtigste und Schönste?

Die Sonne aufgehen lassen

Auf die stillen Dienste kommt es an. Ein Mitarbeiter schickte mir eine E-Mail: „Du erinnerst dich: Beim Flüchtlingsinformationstreffen saß neben dir ein syrischer Asylwerber. Es war der LKW-Fahrer. Ich habe in der Zwischenzeit für ihn eine gute Arbeit bei einer Spedition im Oberland gefunden. Er ist nun schon vierzehn Tage dort beschäftigt, und man ist mit ihm sehr zufrieden. Inzwischen ist er auch Mitglied bei unserer Volleyballrunde. Die Begegnungen mit ihm sind für mich persönlich eine große Bereicherung."

Niemand gab ihm den Auftrag, sich um diesen Mann zu kümmern. Er tat es aus eigenem Antrieb. Seine Aufmerksamkeit und sein konkreter Einsatz freuen mich sehr. Da wird der Glaube ein Tätigkeitswort. Auf der einen Seite erlebe ich viele Ängste und Widerstände gegen die Aufnahme von Flüchtlingen, aber auf der anderen Seite gibt es ungeheuer viel Offenheit und Bereitschaft, diesen Menschen zu helfen, die ihre Heimat verlassen mussten, um ihr Leben zu retten.

Jedes Mal, wenn ich abends ins warme Haus heimkomme, denke ich: Wie gut geht es mir und vielen von uns. Wir haben alles, was wir brauchen, müssen nicht in dauernder Angst leben. Das alles ist nicht unser Verdienst, sondern ein Geschenk, ja, ein großes Geschenk.

Am Ende des Lebens
wird es die Liebe sein,
nach der wir beurteilt werden;
die Liebe, die wir allmählich
in uns wachsen lassen –
in Barmherzigkeit für jeden Menschen.
Hildegard von Bingen

Impuls: Es gibt viele Möglichkeiten, für einen Flüchtling etwas zu tun. Ich erkundige mich bei einer Flüchtlingsunterkunft in meiner Umgebung.

Blumen schenken

Vor achtzehn Jahren habe ich sie getraut. Und seither bringt mir die Braut, Entschuldigung: die Ehefrau, an ihrem Hochzeitstag immer einen wunderschönen Strauß Sonnenblumen.

Ihre treue Dankbarkeit freut mich natürlich sehr. Mein Beitrag zu ihrer glücklichen Ehe war relativ gering. Ich konnte nur mithelfen, dass ihre Trauung ein schönes Erlebnis und Fest wurde. Sie hatten die Sonnenblumen als Motto und Symbol für ihre Hochzeit gewählt. Die ganze Feier war auf dieses Thema abgestimmt.

Es ist wirklich alles andere als selbstverständlich, dass dieses Paar – der Gatte kommt gelegentlich auch mit – mir jedes Jahr eine Freude bereitet.

Die Sonnenblumen wachsen unter den wärmenden Strahlen der Sonne und schauen ihr ähnlich. Ähnlich können auch wir Menschen nur blühen und die guten Seiten zur Entfaltung bringen, wenn wir Liebe und Zuneigung erfahren. In allem Lieben und Geliebt-Werden spiegeln wir Gottes Güte und Menschenfreundlichkeit wider, vermitteln wir einander eine Gotteserfahrung. Darin liegt auch der Sinn des Ehesakramentes. Die Ehepartner holen durch ihr täglich neues „Ja" zueinander Gott herein in ihre Beziehung.

Jetzt leuchtet der große, gelbe Blumenstrauß vor meiner Haustüre und erfreut alle, die ein und aus gehen, mich eingeschlossen.

Dankbarkeit ist das Gedächtnis des Herzens!

Impuls: Irgendjemand freut sich sicher über ein paar Blumen von mir. Es können auch Wiesenblumen sein.

Phantasievoll lieben

Sie wollte ein Buch von mir haben, das ich ihr nun brachte. Vor einigen Jahren habe ich ihren Mann beerdigt.

Trotz der Trauer um ihn ist sie eine humorvolle, originelle Frau geblieben, wie sie es immer war.

Sie erzählte mir, dass sie jetzt auf dem leeren Ehebett neben ihr einen lieben kleinen Bär sitzen habe, der ein Halstuch mit dem Namen Bruno trägt. So hieß ihr Mann. Vor dem Einschlafen sage sie ihm immer gute Nacht.

Im Hausgang lag ein Stein mit einem sinnvollen Spruch: „Jeder Tag ohne Lachen ist eine verlorener Tag!" Sie lebt das auch.

Unter der Haustüre erklärte sie: „Wenn man glücklich und zufrieden sein will, muss man jeden Tag mit jemand sprechen, der oder dem es schlechter geht als einem selbst!" Wir warfen noch einen Blick in ihren Obstgarten. Da erzählte sie mir, dass sie im Herbst allen, die vorbeigingen, einen Apfel geschenkt habe. Auch ganz fremden Menschen. Und dann passiere es, dass sie auf der Straße oder in Geschäften von irgendwelchen ihr unbekannten Leuten ganz freundlich gegrüßt werde, weil sie von ihr einen Apfel erhalten hatten. Auch eine Möglichkeit, Freude zu vermehren.

Diese Witwe ist eine weise Frau!

Auf sie passt das Zitat, das mir jemand letzthin geschickt hat:

Mach jeden Tag eine Kleinigkeit
außerhalb deiner Gewohnheiten.
Das bleibt.
Zum Beispiel einen Purzelbaum schlagen,
Brausepulver aus der Hand schlecken,
aus dem Fenster jodeln
oder …

Impuls: Ich koche das, was für mich als Kind die Lieblingsspeise war.

Mit dem Herzen sehen

Absolut erfreulich. Ich feierte die Sonntagsmesse im Landeskrankenhaus Valduna mit. Dort ist ein etwas anderer „Ministrantendienst" organisiert. Messbesucherinnen und Messbesucher holen jeden Sonntag Kranke, die es wünschen, zum Gottesdienst. Und nachher bringen sie diese auch wieder zurück auf ihre Stationen. Die Kranken schätzen diese Begleit- und Abholdienste sehr. Es ist ja auch nicht selbstverständlich, dass sich Menschen sonntags für eine solche Aufgabe einspannen lassen. Diese Dienste sind „unverzichtbar und unbezahlbar", wie es eine Werbekampagne treffend beschreibt.

Vor der Messfeier hatte ich noch ein schönes Erlebnis: Eine junge Frau, die durch einen schweren Unfall blind geworden war, kam mit ihrer Mutter auf mich zu. Als ich beide grüßte, sagte Caroline sofort, obwohl sie mich nicht sehen konnte, meinen Namen.

Das erstaunte mich absolut, denn wir hatten uns schon viele Monate nicht mehr getroffen und hatten auch früher nicht viel Kontakt miteinander.

„Man sieht nur mit dem Herzen gut", dachte ich. Menschen mit irgendeinem Handicap entwickeln oft eine besondere Sensibilität und Fähigkeit im Wahrnehmen und in der Kommunikation. Vor allem spüren sie es sofort und reagieren sehr offen, wenn man sie wahrnimmt und liebevoll mit ihnen umgeht.

Caroline beschenkte auch mich durch ihre herzliche Begrüßung. Es braucht so wenig, um jemandem eine Freude zu bereiten.

Das Herz ist der Schlüssel der Welt!
Novalis

Impuls: Ein interessantes Experiment: Ich könnte bei einigen Leuten, denen ich heute begegne, stehen bleiben und ein paar Worte wechseln, die mehr sind als ein Gruß.

Wieder ein Kind werden

Die junge Mama habe ich vor Jahren getauft. Jetzt hat sie selbst den kleinen Samuel bekommen. Ich besuchte sie im Krankenhaus. Das Baby im Arm, strahlte sie vor stolzer Freude, obwohl die Nacht recht kurz war und sie in ihre neue Rolle erst hineinfinden musste.

Solche Mamas wie sie verkörpern das beste Argument gegen die Abtreibung. Da „blüht" das Leben.

Ich erinnerte mich an das Wort von Rabindranath Tagore: „Jedes Kind, das auf die Welt kommt, bringt die Botschaft, dass Gott die Lust am Menschen noch nicht verloren hat." Oder Martin Luther: „Wer ein Kind sieht, begegnet Gott auf frischer Tat!" In diesem winzigen, verletzlichen kleinen Geschöpf weht ein Hauch des ersten Schöpfungsmorgens über die Welt.

Natürlich weiß ich, dass es nicht so einfach ist, Kinder zu haben und großzuziehen.

Dennoch – das Ja zu ihnen lässt etwas vom großen Ja Gottes erahnen, das er zu uns allen spricht. Im aaronitischen Segen (Num 6,25) heißt es: „Gott lasse sein Angesicht über dich leuchten!"

Wenn ein Kind im Bettchen liegt und über sich die strahlenden, freudigen Gesichter der Eltern erblickt, wächst in ihm das Grundvertrauen: Ich bin geliebt und geborgen. Ich bin wertvoll, ein „Schatz" für andere. Sie freuen sich, dass es mich gibt. Ich bin umhüllt von zärtlicher Liebe.

Gibt es etwas Schöneres, Besseres?

Glauben heißt, sich von Gott geliebt zu wissen!

Impuls: Wenn ich das nächste Mal ein Baby sehe, schaue und lächle ich es bewusst an. Das wirkt auf mich zurück.

Gemeinschaft trägt

Dazugehören

Eine junge Mutter hatte mich gebeten, ihr zweites Kind zu taufen. Sie lebte in einer Wohngemeinschaft, da sie Suchtprobleme und auch andere Schwierigkeiten hatte.

Das erste Kind ist bei Pflegeeltern untergebracht. Mit ihrem cholerischen Temperament eckt sie laufend an.

Ihr Wunsch ist alles eher als selbstverständlich. Sie hatte sich schon informiert, was für die Taufe notwendig ist und wie alles abläuft. Für das Vorbereitungsgespräch brachte sie auch konkrete Vorschläge mit. Wirklich erfreulich. Sie stellte dann ein kleines Heftchen mit den Liedern und Texten zusammen. Man kann sich das gar nicht besser wünschen.

Bei der Feier fragte ich sie, warum sie ihr Kind taufen lasse möchte. Ihre Antwort: „Mein Kind soll später auch alles bekommen!" Ich fragte nach: „Was alles?" „Ja, die Erstkommunion, die Firmung usw."

Auch wenn das theologisch eine unvollständige Begründung ist, kann ich sie gut verstehen.

Sie will, dass ihr Kind zu den anderen dazugehört, dass es nicht ausgegrenzt wird, die üblichen Rituale miterleben darf und – etwas allgemein formuliert – den Schutz und den Segen Gottes bekommt.

Obwohl sie selbst nur wenig Kirchenbezug hat, lag ihr an der Taufe ihrer kleinen Tochter sehr viel. Sie hatte dazu die Bibelstelle ausgesucht, wie Jesus die Kinder segnete.

Und das tat er auch bei dieser Feier.

Der Mensch ist ein Gemeinschaftswesen!
Aristoteles

Impuls: Ich schließe ins Abendgebet alle ein, denen ich mich zugehörig fühle, die einen besonderen Platz in meinem Herzen haben.

Wir alle sind „Hochwürden"

Ich hatte die Sonntagsaushilfe in einer Pfarrgemeinde übernommen, weil der Pfarrer sich auf Kur befand. Zur Vorsicht war ich früh genug dort. Aber das wäre nicht nötig gewesen. Eine Messnerin tauchte auf, Ministrantinnen folgten bald einmal, ebenso zwei Lektorinnen, eine weitere Dame, dann erschien eine Kommunionhelferin. Der Organist brachte den Liedplan und fungierte als Kantor. Ich dachte: Wunderbar, wie viele im Gottesdienst mithelfen und einen Dienst übernommen haben.

Trotz aller Kirchenquerelen gibt es so viele gläubige Männer und Frauen, die sich für die Gemeinde mitverantwortlich fühlen, die sie mittragen und mitgestalten. Sie alle nehmen ihre Taufe ernst. Sie zeigen, dass sie nicht nur ein Seelsorgeobjekt sind, abhängig von einem Pfarrer. In ihnen wird die Gemeinde zum Subjekt. Die Kirche Christi ist nicht zweigeteilt in Laien und Priester. Wir alle sind zusammen das Volk Gottes. Sogar im kirchlichen Rechtsbuch heißt es im Paragraph 208: „Unter allen Gläubigen besteht, und zwar aufgrund der Wiedergeburt in Christus (Taufe), eine wahre Gleichheit in ihrer Würde und Tätigkeit, kraft der alle je nach ihrer eigenen Stellung und Aufgabe berufen sind, am Aufbau des Leibes Christi mitzuwirken."

Diesen Satz muss man sich auf der Zunge zergehen lassen. Es gibt grundsätzlich keine Hochwürden und die eine Stufe tiefer stehenden Laien. Wenn schon, dann sind wir alle „Hochwürden" – seit unserer Taufe.

Das erlebte ich beim Gottesdienst dieser Pfarre. Wirklich eine Freude!

Impuls: Ich probiere es aus, laut zu sagen: „Ich bin ein ‚Hochwürden!', eine ‚Hochwürdin!'"

Getragen vom Miteinander

Ich durfte mit Menschen mit Beeinträchtigungen einen Gottesdienst feiern. Natürlich wurden sie aktiv in die Gestaltung mit einbezogen.

Einer von ihnen, Richard, ein etwa fünfzigjähriger Mann, brachte zusammen mit anderen eine große weiße Papierrose mit. Sie war ein Symbol für die Aufmerksamkeit und Liebe, die wir einander schenken sollten. Bevor er mir nun diese Blume überreichte, nahm er mich ganz überraschend in den Arm und drückte mich fest, verbunden mit unverständlichen Lauten der Freude.

Diese spontane Herzlichkeit freute mich sehr, und ich dachte mir, wer wohl mehr „behindert" ist: wir, die scheinbar Vernünftigen, Tüchtigen, „Normalen", oder Menschen, die zwar verschiedene Handicaps haben, die aber spontan und ehrlich reagieren?

Nachmittags nahm ich an einer Beerdigung teil. Die Trauergäste füllten die Kirche bis zum letzten Platz. Alle feierten aktiv mit. Als das Vaterunser gebetet wurde, klang es für mich wie ein gewaltiger Chor. Ich fühlte mich getragen von dieser „Wolke" des Miteinander-Betens. Eine große Kraft lag in diesem gemeinsamen vertrauensvollen Bitten. Ich erinnerte mich an das Wort Jesu, dass Gott unser Beten erhört, wenn nur schon zwei oder drei in seinem Namen zu ihm rufen. Manche meinen, man könne auch privat, nur für sich glauben und brauche dazu die anderen nicht.

Vielleicht haben sie noch nie erlebt oder nicht begriffen, dass Jesus Gemeinschaft hergestellt hat und dass man nur im Miteinander Christ sein kann.

Was nützt es uns, den Weltraum zu erobern,
wenn wir die kleinste Distanz von Mensch zu Mensch
nicht bewältigen können.
Kardinal Franz König

Impuls: Habe ich heute ein „Miteinander" erlebt? Für welche Gemeinschaft bin ich besonders dankbar?

Gut über jemand reden

Ich bekam einen unerwarteten Anruf. Ein Mann telefonierte mich aus Rumänien an. Zuerst kannte ich ihn gar nicht. Aber mit der Zeit tauchten wieder Erinnerungen in mir auf. Ich hatte ihm vor neun Jahren geholfen. Er war als Asylwerber nach Österreich gekommen und hatte zuerst einen negativen Bescheid erhalten. Bis zur Beantwortung seines

Einspruchs musste er irgendwo unterkommen. Ich hatte ihn daraufhin in ein Kloster vermittelt, wo er wohnen und als Gärtner arbeiten konnte.

Die Geschichte hatte ich inzwischen schon längst vergessen. Und jetzt, nach so vielen Jahren, rief er eigens an, weil er mir für die Unterstützung damals von Herzen danken wollte. Ebenso war es ihm ein Anliegen, den Schwestern für die freundliche Aufnahme Dank zu sagen.

Bei den vielen negativen Äußerungen über *die* Ausländer, wie man sie immer wieder hört, ist es doch erfreulich, dass viele von ihnen sehr froh und wirklich dankbar sind für jede Hilfe, die sie bei uns erhalten, und dies auch zeigen.

Es gibt überall „solche" und „solche", bei den Einheimischen und bei den „Zwei- und Dreiheimischen".

Viele kleine Leute
an vielen kleinen Orten,
die viele kleine Dinge tun,
werden das Angesicht der Erde verändern.
Afrikanisches Sprichwort

Impuls: Sicher gibt es eine positive Erfahrung mit einem fremden Menschen oder in einem fremden Land, die ich weitererzählen könnte.

Mitstreiterinnen und Mitstreiter suchen

„Zwei Fliegen auf einen Streich", sagt man. Ich durfte eine Festveranstaltung „20 Jahre Hospizarbeit in unserem Land" miterleben. Gleichzeitig feierten wir auch, dass nach vielen Jahre Ringen und Kämpfen von der Regierung beschlossen wurde, bei uns ein stationäres Hospiz zu errichten.

Ein doppelter Grund zur Freude. Aber eigentlich freut mich noch mehr die Erfahrung, dass unser zähes, mehr als zehn Jahre dauerndes Bemühen nun endlich von Erfolg gekrönt war. Manchmal waren wir entmutigt, auch verärgert und enttäuscht. Und trotzdem blieben wir hartnäckig, suchten wir wieder nach neuen Möglichkeiten.

Für mich ist das eine wichtige Lebenserfahrung, dass es sich immer lohnt, wenn man nicht so schnell aufgibt. Die Kraft dazu wächst aus der Überzeugung, dass es eine gute Sache ist, für die man sich einsetzt. Es braucht den Glauben an den Wert einer Sache.

Und zum Zweiten ist es gut, wenn man nicht allein für etwas kämpft. Wir haben uns immer wieder gegenseitig in unserem Bemühen bestärkt. „Vae soli", haben wir im Lateinunterricht gelernt. „Weh dem, der allein ist!" Das hat sich für uns all die Jahre hindurch bestätigt.

Tu erst das Notwendige,
dann das Mögliche,
dann plötzlich schaffst du das Unmögliche.
Franz von Assisi

Impuls: Sicher gibt es jemanden, mit der oder dem ich lange für etwas gekämpft habe. Ich könnte diese Person anrufen und für den gemeinsamen Einsatz danken. Einfach so.

Die Begabungen einsetzen

Eine Mitarbeiterin und ich leiteten eine ganztägige Schulung für die Pfarrgemeinderäte von drei kleinen Gemeinden. Schon die Tatsache, dass sie alle – Hausfrauen, Berufstätige, Mütter, Väter, Pensionistinnen und Pensionisten, Schüler – einen ganzen Samstag dafür „opferten", ist sehr erfreulich. Die Mitarbeit in ihrer Pfarre war ihnen das offensichtlich wert. Es entwickelten sich interessante Gespräche. Die ernsthaften Überlegungen, wie sie sich noch mehr und besser als bisher für die Menschen ihrer Dörfer einsetzen können, wie sie das Miteinander fördern und die Sorge füreinander verstärken können, waren wirklich beeindruckend.

Was wird heute nicht gejammert, weil sich offensichtlich immer mehr von der Kirche verabschieden.

Aber hier erlebte ich, dass vielen Christen der Glaube wichtig ist. Sie fragen nicht danach: Was habe ich davon, was bringt mir der Einsatz für andere? Im Gegenteil, sie wollen einfach mithelfen, dass es allen, die in ihrem Umfeld wohnen und leben, gut geht, dass niemand auf dem gemeinsamen Weg zurückbleibt, vereinsamt, ausgegrenzt wird.

Es gibt auch zahlreiche gute Erfahrungen. Sie ermutigen mich selbst, offen zu bleiben für die Fragen und Sorgen der Mitmenschen, „ihre Herzen zu wärmen und ihre Wunden zu heilen", wie Papst Franziskus immer wieder betont.

Wenn ich präsent bin,
bin ich ein Präsent.
Anna Gamma

Impuls: Viele wertvolle Dienste geschehen im Stillen, Verborgenen. Ich gehe in Gedanken die Menschen in meiner Nachbarschaft durch und schicke ihnen – geistigerweise – einen Segenswunsch.

Bräuche und besondere Zeiten pflegen

Kleine Wünsche – große Wirkung

Hallo zusammen! Wir wünschen euch eine gute Fastenzeit! Wie geht es euch sonst? Ein erholsames Wochenende! Von …

Diesen E-Mail-Gruß erhielten meine Schwester und ich von zwei ganz unauffälligen jungen Männern, die auf dem Bauhof einer Gemeinde arbeiten. Schulisch konnten sie nicht mit großen Erfolgen aufwarten, oder doch? Sie können jedenfalls mit dem Computer umgehen, sind fleißig und vor allem immer sehr freundlich. Ihr Wunsch freut mich mehr als viele andere Karten.

Die Aufmerksamkeit, die dahinter sichtbar wird, baut Brücken zu anderen Menschen, Brücken, über die sogar Gott selbst zu uns herunterkommt. Die jährliche Fastenzeit ist ein Wiederbelebungsversuch Gottes, der unseren Glauben, die Hoffnung und Liebe neu beleben will, der uns mit seinem Geist „beatmet".

Ein „Programm" – nicht nur für die Vorbereitung auf Ostern – findet sich in einem neuen Gotteslob-Lied:

Mit dir geh ich alle meine Wege,
mit dir bin ich alles, was ich bin:

Enge, Weite, Nähe, Licht und Dunkel,
alles, Vater, führt mich zu dir hin.

Mit dir geh ich alle meine Wege,
mit dir wag ich jeden neuen Schritt,
manchmal fragend und nur im Vertrauen:
Du bist da, gehst alle Wege mit.

Mit dir geh ich alle meine Wege,
mit dir nehm ich jeden neuen Tag,
wie er kommt aus deinen guten Händen,
denn du gibst ihm, was er fassen mag.
Kathi Stimmer-Salzeder

Impuls: Egal, ob Winter oder Sommer: Ich zünde eine Kerze an und lasse mich von ihrem Licht erfüllen. Vielleicht freut sich auch ein anderer Mensch in meinem Umfeld darüber.

Gottes Geheimnis erspüren

In der Karwoche wird in der Domkirche die Chrisam-Messe gefeiert, bei der die heiligen Öle für die Sakramente und kirchlichen Rituale geweiht werden. Zuerst ging ich mit gemischten Gefühlen hin, nur aus Solidarität. Denn eine so große Ansamm-

lung von „Amtskollegen" wirkt auf mich ambiva-
lent.

Aber dann erlebte ich eine sehr ansprechende Feier. Bei der Salbung mit den geweihten Ölen werden wir immer „hautnah" angerührt von der Zusage Gottes: „Ich bin bei dir. Du bist von mir geliebt! Ich begleite dich – in guten und schweren Tagen!"

Nun, bei diesem Gottesdienst wurde mir wieder bewusst, dass wir alle im Geheimnis Gottes leben, umhüllt sind von seiner zärtlichen Zuwendung. Oft sind für mich die liturgischen Feiern zu kühl, zu unpersönlich, zu verkopft. Sie müssten doch eine Türe öffnen für den tieferen Bereich des Herzens, für den Gott-mit-uns.

Der Kirchenraum, die Musik und die innere Teilnahme der Anwesenden haben für mich zusammengepasst. Schön, nicht?

Wer glaubt, ist nie allein! Du, Herr, wirst mit uns sein, mit deiner Kraft, die Leben schafft. Wer glaubt, ist nie allein!

Impuls: Ein Kirchenbesuch, entweder allein oder bei einem Gottesdienst, kann mich vielleicht auch „berühren".

Geländer zum Festhalten

Vor mehr als dreißig Jahren hatten wir in der Pfarre begonnen, in den Sommerferien abends um 20.30 Uhr in der Sebastiankapelle die Komplet, das kirchliche Nachtgebet zu beten und zu singen. Ein wunderschöner, beruhigender Ausklang des Sonntags. Ganz getreulich kommt eine kleine Gruppe von Mitbeterinnen und Mitbetern.

Wenn es mir die Zeit erlaubt, nehme ich daran gerne teil.

Die Psalmen und Lieder sind wie ein Bachbett, in dem die Erlebnisse, Gedanken und Gespräche des Tags langsam verebben und hineinströmen in eine tiefe Geborgenheit in Gott.

Dafür bin ich dankbar.

Alle religiösen Bräuche oder Rituale haben eine wertvolle Funktion. Sie bilden einen emotionalen Rückhalt und geben ein Vertrauensfundament. Früher begannen viele den Tag mit einem gemeinsamen Morgengebet und dem Weihwasser-Nehmen, bevor man aus dem Haus ging. Das Tischgebet gehörte dazu und schließlich ein privates oder gemeinsames Abendgebet.

Solche Gewohnheiten sind wie ein Geländer im Auf und Ab des Lebens. Und manchmal ist man froh, wenn man sich irgendwo festhalten kann.

Bevor des Tages Licht vergeht,
o Herr der Welt, hör dies Gebet:
Behüte uns in dieser Nacht
durch deine große Güt und Macht.
Hymnus

Impuls: Ich nehme mir am Abend Zeit für ein Abendgebet oder mache vor dem Essen wieder einmal ein Kreuzzeichen. Vielleicht kenne ich noch das Tischgebet meiner Kindheit.

Erntedank

Wir feierten in der Mutter-Kind-Wohngemeinschaft den Erntedank.

Lustig ging es zu, wir sangen und tanzten miteinander. Alle hatten auch Dankgeschenke mitgebracht, von Früchten aller Art bis zu Babyfotos und Zeichnungen. Ein tschetschenisches Mädchen, das die vierte Volksschulklasse besucht und lauter Einser im Zeugnis hatte, las eine Herbstgeschichte vor, wirklich schön, mit den richtigen Betonungen, flüssig und sinnerfassend, wie man heute sagt. Ich konnte nur staunen und dachte, wie wertvoll es ist, wenn Flüchtlingsfamilien und vor allem ihre Kinder bei uns eine gute Lebensmöglichkeit finden. Sie alle sind doch geflohen, weil es für sie daheim keine Perspektive mehr gab, weil sie verfolgt wurden und um ihr Leben bangen mussten. Und jetzt geht es ihnen gut. Sie können in Frieden leben.

Die zehnjährige Tarissa, welche die anspruchsvolle Geschichte vortrug, ist für mich ein Symbol für die Integration und Entfaltung vieler Asylwerberinnen und Asylwerber, die ein hartes Schicksal in unser Land gespült hat und die nun bei uns aufblühen können.

Ein Gebet zum Erntedank:

Gott, Vater, Mutter, wir dürfen immer neu ernten:
von der Natur die Früchte,
von Menschen Liebe und Treue
und von dir Güte und Erbarmen.
Wir sind reich gesegnet!
Lass uns selbst für deine Schöpfung,
für Menschen und Tiere zum Segen sein.

Impuls: Vielleicht ergibt sich eine Möglichkeit, mit einem mir unbekannten, fremdländischen Menschen ein wenig zu reden.

Gräberbesuch bei Kerzenschein

Am Vorabend von Allerheiligen: Ich machte beim Dunkelwerden einen Spaziergang auf zwei Friedhöfe. Wenn die Nacht hereinbricht, sind dort nur noch wenige Menschen. Zudem sieht man die roten Lichter brennen. Ein tröstlicher und beruhigender Anblick. Fast alle Gräber sind wunderbar hergerichtet, liebevoll geschmückt.

Auch wenn es für viele zur gesellschaftlichen Verpflichtung gehört, an diesem Tag zum Grab der Angehörigen zu gehen, sehe ich darin doch einen sinnvollen Brauch, der zeigt: Die Toten sind nicht vergessen. Sie gehören auch weiterhin zu uns. Wir verdanken ihnen so vieles. Die Erinnerungen an sie sind oft schmerzlich, weil wir sie vermissen. Auch bittere Gedanken steigen auf. Aber der Schein der leuchtenden Kerzen entzündet auch Trost- und Danklichter in unseren Herzen.

Am Friedhofseingang traf ich eine Frau, die vor ein paar Jahren ihren Mann durch einen Unfall verloren hatte. Ich fragte sie, wie es ihr geht. Sie antwortete: „Gut!" Aber dann sah ich die Tränen auf ihren Wangen. „Manchmal muss man einfach weinen", tröstete ich. Und sie bestätigte: „Ja, natürlich. Gerade hier auf dem Friedhof. Aber insgesamt geht es mir trotzdem gut!"

Die Gabe der Tränen ist ein Geschenk des Himmels. Dazu kommt die Erfahrung, dass es nicht nur das Dunkel, sondern auch das Helle gibt, dass Menschen da sind, die uns verstehen und schätzen, dass die Hoffnung auf ein Wiedersehen uns trägt, dass die Verstorbenen uns nahe sind.

Dann kam noch eine junge Familie mit zwei kleinen Kindern. Der Bub hatte eine Taschenlampe bei sich, damit er Opas Grab findet, und das jüngere Mädchen trug sogar eine Stirnlampe. Ihre Anwesenheit auf dem Friedhof zeigte, dass sie den Opa hoch in Ehren halten.

Impuls: Bei einem Spaziergang durch die Gräberreihen des Friedhofs finde ich vielleicht Bekannte, für die ich ein kleines Dank- oder Bittgebet spreche, denen ich das Weihwasser gebe. Und ich lasse den Gedanken zu, dass auch ich einmal sterbe.

Das Fasten der Seele

Bei aller Offenheit für Neues liebe ich alte Traditionen. In ihren Ritualen bin ich verwurzelt. Ich stelle in der Pergola einen Christbaum auf, allerdings mit elektrischen Kerzen. Die können den ganzen Abend leuchten. Ich sehe sie von meinem Essplatz aus. Der Blick hinaus stimmt mich weihnachtlich. Ein bisschen Romantik gehört in diese Zeit, sozusagen als Verpackung für den Inhalt des Festes. Ebenso die Krippe und die weihnachtliche Dekoration im Haus.

Und auch Adventkonzerte, die ich regelmäßig besuche. So ein Abend ist eine Oase für die Seele und ein Raum-Schaffen für die Geburt Christi. Wie neulich, als ein Jugendchor wunderschön sang, natürlich eher moderne Lieder. Aber allein schon, dass sie sich diese Mühe machten, monatelang probten und für einen guten Zweck sangen, ist doch erfreulich. Gegen Ende dieser besinnlichen Stunde erklang das Lied „Joy to the world" (Freude der ganzen Welt!) von G. F. Händel. Wirklich ein Weihnachtsjubel, der tief ins Herz hinein wohltat.

Das kann und soll natürlich nicht nur im Advent geschehen, der früher auch eine Fastenzeit war.

Von der jüdischen Dichterin Else Lasker-Schüler wird erzählt, das sie einst am Jom Kippur, also dem größten Fasttag im Judentum, in der Synagoge gesessen und dort in aller Öffentlichkeit Schokolade gegessen habe. Vom Synagogendiener darauf ermahnend angespro-

chen, habe sie nur geantwortet: „Stören Sie meine An-
dacht nicht!" Nicht mit dem Magen wollte sie fasten,
sondern vor allem in der Seele Platz machen für Gott.
Sie schreibt: „Platzmachen für Gott. Auf das Fasten der
Seele, darauf kommt es an, denn sie soll sich füllen mit
unerschöpflicher, jubelnder Liebe." Dieses Platzmachen
für Gott bedeutet für sie Inspiration, das andächtig lau-
schende Sich-Hingeben an seine Engel.

Petra Steinmair-Pösel

Impuls: Ich überlege: Wie könnte, möchte ich in der
nächsten Zeit für Gott „Platz machen"?

Weihnachten berührt

Wir feierten in Fraxern, einem kleinen Dorf, das
etwa 1000 Meter hoch liegt, die Weihnachtsmette.

Ein beeindruckendes Erlebnis wohl für alle, die
gekommen waren. Die Kirche war wunderschön
geschmückt, eine Bläsergruppe spielte gefühlvol-
le Weisen, die Leute sangen und beteten mit gan-
zem Herzen. Viele wirkten mit, und – was mich
besonders freute – zehn Jugendliche beiderlei
Geschlechts, alle zwischen siebzehn und zwanzig
Jahre alt, ministrierten mit großem Ernst und sehr

aufmerksam. Es ist doch überaus wertvoll, wenn junge Menschen in der Pfarre so gut mitmachen. Dann folgte in Meschach, einer kleinen Berggemeinde, der Feiertagsgottesdienst, ebenfalls ein tiefgehendes Geschenk. Ein Männerdreigesang erfreute unser Gemüt. Die Melodien und Texte der alten Weihnachtslieder erfüllten den Raum und unsere Herzen.

Nach der Messe erzählte mir eine Frau, die vor acht Monaten ihren Mann verloren hatte, dass sie das erste Mal seit damals wieder mitgesungen habe. Bislang hatte sie das nicht mehr gekonnt.

Ich denke, dass der Gesang der Engel in ihrem Herzen ein Echo ausgelöst hat. „Friede den Menschen auf Erden!" Die Nächte des Lebens sind ab jetzt geweihte Nächte.

Heut ist der Himmel fließend word'n!
Weihnachtslied

Impuls: Ich schaue in Ruhe eine Weihnachtskrippe an und höre in mich hinein, was sie mir „sagen will". In einer anderen Jahreszeit mache ich einen kleinen Kirchenbesuch und zünde eine Kerze an.

Rückwärts dankbar, vorwärts mutig

Am 23. Jänner 1945 schrieb der Jesuitenpater Alfred Delp, der zum Tode verurteilt war, aus dem Gefängnis an sein Patenkind Alfred Sebastian Kessler einen Brief.

Ich wünsche dir helle Augen (Urteilskraft, einen wachen Geist und Blick, die Fähigkeit, Gut und Böse zu unterscheiden), starke Lungen (die Kraft, höher zu streben, Ausdauer und den nötigen Atem bei Schwierigkeiten) und die Fähigkeit, Höhe zu gewinnen (Abstand zu bekommen, den Überblick zu wahren, dich dem Sog der Masse zu entziehen, die Dinge distanziert zu betrachten!).

Einen dieser Wünsche durfte ich bei einer Silvesterfeier in einem hoch und einsam gelegenen Ferienhaus realisieren. Der Mond erhellte die Nacht, die Sterne funkelten wunderbar, wie man es bei uns selten sieht. Das ganze Land war in eine weiße Schneedecke gehüllt. Einfach phantastisch!

Und dann, um Mitternacht, sahen wir von oben die Raketen und Feuerwerke im Tal, hörten wir die Kirchenglocken von weit unten herauf klingen, alles einfach traumhaft schön.

Ich dachte an den dritten Wunsch von Alfred Delp, geschrieben in einer ganz dunklen Zeit. In der Abgeschiedenheit bekamen wir Höhe und Abstand von allem, was uns im „Tal" der täglichen Belastungen und Herausforderungen in Beschlag nimmt.

Dieser Überblick zum Jahreswechsel regte zum Nachdenken an, gab den Dingen wieder die richtige Größenordnung. Was zählt wirklich im Leben? Oft ärgere ich mich über Unwichtiges und Unbedeutendes. Dann möchte ich mich wieder an den Silvester-Ausblick erinnern.

Dankbar rückwärts, mutig vorwärts, gläubig aufwärts, liebevoll seitwärts.
Ludwig Esch SJ

Impuls: Jeder Morgen ist wie ein Neujahrstag. Wofür danke ich im Blick zurück? Um was bitte ich im Blick nach vorne?

Dank, gruß mit
herzlichen Jgemsünschen
für die Zukunft.
P. Berthold

Bei sich sein

Der Dichter in uns

Ein Jurist, den ich vor Jahren getraut hatte, lud zu einer Lesung ein. Er hatte ein Büchlein mit lyrischen Gedichten geschrieben, aus dem Alltag heraus entstanden, mit spontanen Gedanken und Fragen. Durchaus zum Nachdenken anregend, mit überraschenden Assoziationen und Wortspielen. Die Texte sprachen mich im Gesamten sehr an.

Besonders freute mich aber, dass ein relativ junger Mann, der beruflich wohl nichts mit Gedichteschreiben zu tun hat, eine poetische Ader zum Vorschein kommen ließ. Offensichtlich geht er mit wachen Augen durch die Natur, pflegt eine innere Offenheit für Menschen, Dinge und Ereignisse und lässt sich im Herzen ansprechen und berühren.

Ich wünsche mir, dass noch viel mehr Menschen den „Dichter" in sich finden. Spontan erinnere ich mich an einen Text von Antoine de Saint-Exupéry. In seinem Buch „Wind, Sand und Sterne" schildert er, wie er als Pilot am frühen Morgen im Omnibus zum Flughafen fuhr und dabei die leisen Gespräche der Angestellten mithörte. Es ging um Krankheiten, Geldsorgen und allerlei häusliche Nöte.

Und dann dachte er sich:

Du Kamerad an meiner Seite, du willst dich nicht mit großen Fragen belasten, … du stellst keine Fragen, auf die du keine Antwort bekommst, nein, du bist ein braver, kleiner Bürger von Toulouse. Als es noch Zeit war, hat keiner dich mitzureißen versucht; nun ist der Lehm, aus dem du gemacht bist, eingetrocknet und hart, das verborgene göttliche Spiel in dir wird nie zum Klingen erwachen: tot ist der Dichter, der Musiker, der Sternenforscher, die vielleicht auch in dir einst gewohnt haben!

Genau das Gegenteil erlebte ich an diesem Abend. Da hat einer den Dichter in sich entdeckt.

Impuls: Damit der „innere Lehm" nicht eintrocknet, pflege ich mein Hobby, tue ich etwas, was ich gut kann oder gerne mache.

Platz für meinen kleinen Raben

Ich war eingeladen zur Eröffnung einer Ausstellung mit Zeichnungen von Paul Flora.

Seine Grafiken mit den skurrilen, originellen, hintergründig humorvollen Darstellungen sprechen mich sehr an.

Ich bin immer wieder neu fasziniert, wie sich

bei ihm die scheinbar leicht hingeworfenen Linien und Striche verdichten zu Vögeln, Karnevalsgestalten, knorrigen Tirolern, bizarren Bergen. Sehr oft ist bei seinen Karikaturen als Markenzeichen irgendwo ein kleiner Rabe zu sehen.

Der gefällt mir ganz besonders. Ich denke, dass jede und jeder von uns zumindest einen kleinen Vogel hat, nur meinen wir oft, unsere komischen Ideen oder Gewohnheiten vor Außenstehenden verstecken zu können oder müssen.

Ganz anders bei Paul Flora. In seinen Zeichnungen ist erkennbar, wer er war und was ihn geprägt hat. Mit seinem Stil und seinen Kunstwerken ist er für mich ein Original. Mir scheint, dass heutzutage die wirklich originellen Menschen weniger werden. Vielleicht tragen die Massenmedien und die Modeklischees dazu bei.

Paul Flora begleitete mich nach Hause. Innerlich sehe ich seine Bilder, die mich lächeln lassen und ermutigen, auch meinem kleinen Raben einen Platz in meinem Lebensbild zu geben und zu meinen Eigenheiten zu stehen.

Man sollte alle Tage ein kleines Lied hören, ein gutes Gedicht lesen, ein treffliches Gemälde sehen und, wenn es möglich wäre, ein paar vernünftige Worte sprechen!
Johann Wolfgang von Goethe

Impuls: Der Besuch einer Ausstellung, eines Konzertes oder das Verweilen an einem besonders schönen Ort ist immer anregend.

Den Atem beachten

Übers E-Mail bekam ich am frühen Morgen eine Botschaft zugesandt:

Möge heute Frieden in deinem Inneren sein …
Mögest du darauf vertrauen, dass du genauso bist, wie du gemeint bist.
Mögest du die Gaben nutzen, die du bekommen hast, und die Liebe weitergeben, die du empfangen hast!

Der Text beschäftigte mich. Im Grunde kann ich nur an andere verschenken, was ich selbst entweder erworben oder geschenkt bekommen habe.

Oder: Ich kann nur ausatmen, wenn ich vorher eingeatmet habe. Das tat ich gleich ganz bewusst: Tief ein, tief aus … zehn Mal, zwanzig Mal.

Im Atemrhythmus fließt mir das Leben unaufhörlich zu. Ohne die Luft, die mich umgibt, die einfach da ist, könnte ich nur ein paar Minuten leben. Was für uns das Selbstverständlichste ist, nämlich zu atmen, wird zur Voraussetzung für das Leben-Können.

Eine Oma erzählte mir voll Stolz von der Geburt ihres zweiten Enkelkindes. Sie sagte: „Ich dachte an dessen ersten Atemzug im Krankenhaus, und auch an meinen eigenen."

Ungebet
Der du alles weißt,
mag nicht beten —
tief atme ich ein
lang atme ich aus,
und siehe,
du lächelst
Kurt Marti

Impuls: Wie geht es mir jetzt bei meinem bewussten Atmen? Habe ich meinen Lungen fürs Atmen schon gedankt?

Bewegungstherapie tut wohl

Das strahlende Herbstwetter lockte mich, noch eine Bergtour zu unternehmen, bevor es in der Höhe einschneit.

Die Farben der Natur sind um diese Zeit unbeschreiblich schön. Die rot-braunen Heidelbeeren, die gelb leuchtenden Lärchennadeln, die weinroten Blätter des Bergahorns und die vielen anderen satten Farbtöne, die dem Auge wohl tun, das alles ist einmalig. Dazu kommt noch das milde Licht, das zu keiner anderen Jahreszeit so herrlich leuchtet wie im Herbst.

Ich war ganz allein auf dem Weg. So konnte ich ungestört meinen Gedanken nachhängen und fühlte ich mich ganz eins mit der Natur, mit der Schöpfung. Auch das empfinde ich als eine wertvolle Erfahrung, denn immer mehr wird mir bewusst, wie sehr wir alle – Pflanzen, Tiere, Menschen, der Erdboden, die Steine und Felsen, die Luft, die Wolken – zusammengehören, eins sind miteinander, in einer dauernden Wechselwirkung. Fast möchte ich den Buchtitel von Christoph Schlingensief bestätigen: „So schön wie hier kanns im Himmel gar nicht sein".

So eine Bergwanderung wirkt für mich immer heilsam, ist für mich die beste Supervision und Therapie.

Der Psychiater Dr. Reinhard Haller schrieb in einem Zeitungkommentar:

Wanderungen im Gebirge beinhalten Elemente der Farb-, Licht-, Atmungs- und Bewegungstherapie. Ohne

Zweifel wirkt Bergwandern antidepressiv und angst-
lösend, da bei Daueranstrengung körpereigene Mor-
phine unser Gehirn überfluten und ein euphorisches
Hochgefühl hervorrufen. So kann man der depressiven
Düsternis im wahrsten Sinn davonlaufen, viele Ängste
abwandern und dem heute allgegenwärtigen Burnout
aus dem Weg gehen!

Besseres kann uns gar nicht passieren.

Impuls: Auch wenn keine Bergtour möglich ist, ein
Stück weit gehen löst manches!

Bilder des Friedens

Zufällig stieß ich auf das Gedicht von Friedrich
Schorlemmer „Frieden ist ein Tätigkeitswort – im
Alltag des Lebens". Darin zählt er auf, was unserem Herzen Frieden gibt. Einige seiner Beispiele
greife ich heraus:

Frieden, das ist das Säugen des Kindes, das Backen
des Brots, das Streicheln einer Katze, das Spazieren an
der Elbe, das Versunkensein im Gebet, das Singen eines
Liedes, das Blühen eines Apfelbaums, ein Dach überm

Kopf, das Blinzeln in die Sonne, das Summen der Bienen, das Gewinnen einer Erkenntnis, das Zapfen eines Bieres, das Retten einer Allee, das Erreichen eines Kompromisses, Stillwerden bei Arvo Pärt (einem Musiker), das Blühen des Schlehenstrauches, das Flügelschlagen der Schwanformation, das Abendläuten am Sonnabend …

Das alles sind wunderschöne Bilder, die unser Herz berühren und zur Ruhe kommen lassen.

Es gibt so viele Geräusche, Anblicke, Tätigkeiten, bei denen ein Hauch des Friedens uns umweht, vorausgesetzt, wir nehmen das alles bewusst wahr. Und ich könnte noch viele Dinge hinzufügen: die ausgezeichnete Suppe, das kurze Mittagsschläfchen, die kleine Livia, die ich taufen durfte, das gemütliche Beisammensein, die Stille nach der Kommunion, das Heimgehen in der Abendkühle.

In der Bibel (Genesis 1) heißt es am Ende jeden Schöpfungstages: *Und Gott sah, dass es gut war.* Wann immer wir sagen können: „Das ist gut so und schön!", leuchtet Frieden auf.

Impuls: Ich schaue in Gedanken meine heutige „Gemäldegalerie" an. Welche „Bilder" des Friedens hat dieser Tag mir geschenkt? Was hat mich innerlich berührt und ruhig werden lassen?

Manches braucht einfach seine Zeit

Wir – die Mitschüler meiner Maturaklasse und ich – treffen uns normalerweise im Abstand von fünf Jahren. Heute gab es aufgrund eines Jubiläums ein zusätzliches Beisammensein. Es ist immer interessant zu verfolgen, was aus den Einzelnen geworden ist, wie es ihnen geht. Jetzt sind natürlich alle schon in Pension. Geschichten von früher wurden aufgefrischt, Anekdoten von den Professoren erzählt (die waren damals noch alle männlich).

Auch Persönliches kam zur Sprache.

Was mir auffällt und mich auch freut, ist die Tatsache, dass im Lauf der Jahrzehnte unsere Gespräche immer philosophischer wurden, und auch religiöser. Die „internen" Schüler von uns verbrachten die Gymnasialjahre in einem kirchlichen Internat.

Bei den ersten Zusammenkünften spürte man, dass sich die meisten zuerst einmal von der streng religiösen Erziehung freistrampeln mussten. Es wurde viel kritisiert und geschimpft. Dazu kam der Druck, sich beruflich zu profilieren und etwas erreichen zu müssen. Sämtliche Kollegen haben erfolgreich ihren Weg gefunden.

Zunehmend aber wurde im Lauf der Jahre über Sinnfragen und Glaubensthemen diskutiert.

Mittlerweile wünschen sich immer alle, miteinander Eucharistie zu feiern und die Wallfahrt nach St. Georgenberg, die wir am Beginn und Ende jedes Schuljahres mitmachen mussten, nachzuvollziehen.

Das heißt für mich, dass vieles von dem, was uns in unseren jungen Jahren mitgegeben worden ist, doch in den Herzen Wurzeln geschlagen hat und weiter gewachsen ist.

Das soll ein Trost sein für manche Eltern, die meinen, dass ihre Erziehung nur wenig gefruchtet hat. Man muss nur warten können. Es bleibt bei den Kindern mehr hängen, als wir oft meinen. Dasselbe gilt für andere Bereiche, wenn wir den Eindruck haben, dass unsere Anstrengungen vergebene Liebesmühe gewesen seien. Nichts ist umsonst, was wir in Liebe gesät haben.

Impuls: In welchen Punkten ist mein Glaube im Vergleich zu früher anders geworden?

Einen Brief schreiben

Ich bekam Post von einer ehemaligen Schülerin, die mir einen Text schickte, den sie selbst verfasst hat. Für wen immer sie diese Worte geschrieben hat, sie sprachen mich sehr an:

Da ist ein ganz besonderer Mensch.
Dass ich ihm begegnete –
Schicksal, Zufall, Bestimmung?
Einerlei, was zählt, ist:
Dass ich ihm begegnete
und ihn erspürte –
durch seine Worte, die mein Herz berühren,
sein Lachen, das mich einstimmen lässt,
sein Verständnis, das mich stärkt,
sein Zuhören, das mich ernst nimmt,
seinen Humor, der mich zum Lachen bringt,
seine Sicht auf das Leben, die mir Horizonte öffnet,
seine Zärtlichkeit, die mir Geborgenheit gibt,
sein Sich-Zeit-Nehmen,
das der Hektik und der Oberflächlichkeit des Lebens
einen Moment der Ruhe bringt,
seine Freundschaft, die mich tröstet
wie ein Stern am Himmel!

Ich denke, dass wir heutzutage viel zu wenig Liebesbriefe oder liebe Briefe, Dankesbriefe schreiben. Eine SMS oder Mail kann einen Brief nicht ersetzen, denn der hat immer eine besondere Note, ist ein persönliches Geschenk.

Aber wir sollten nicht nur auf einen Brief warten, sondern manchmal auch selbst einen schreiben. Vielleicht sogar einfach so. Und hin und wieder kommt eine Antwort, die uns freut.

Impuls: Also, wem schicke ich einen Gruß, eine Karte, einen Brief?

Nichts ist selbstverständlich

Heute kann ich gleich mehrere positive Erlebnisse anführen: Am Vormittag machten wir zu zweit eine wunderschöne Bergtour: Damülser Mittagsspitze, Hochblanken, Ragazer Blanken, Portlahorn – fünfeinhalb Stunden Gehzeit. Und am Gipfel vollziehe ich jedes Mal ein persönliches Ritual. Ich berühre das Gipfelkreuz und sage: „Lieber Gott, ist das ein Geschenk, dass ich noch hier heraufsteigen kann."

Dann besuchte ich eine Kranke, und gegen Abend brachte eine liebe Dame einen selbst gebackenen Apfelstrudel. Sind das nicht alles ganz große Geschenke?

Wir leben bei uns wirklich im Paradies.

Die schöne Landschaft, die Jahreszeiten mit ihren unterschiedlichen Reizen. Es gibt kaum große Naturkatastrophen, die meisten von uns leben wirtschaftlich abgesichert, wir haben genügend Wasser, können am Morgen ohne Angst vor gewalttätigen Ereignissen aufstehen.

Und – ist es unser Verdienst, dass wir hier geboren wurden oder hier daheim sind?

Wir sind wirklich privilegiert.

Gott, lehre uns, unsere Tage zu zählen, damit wir heute lieben, heute vertrauen, heute danken.
Lehre uns, unsere Tage zu zählen, damit wir ein weises Herz gewinnen!
Vgl. Psalm 90

Impuls: Was habe ich heute so richtig genossen?

Aus Minus wird Plus

Wir wollten einen Klettersteig erklimmen. Gut und recht. Anfangs hat alles gepasst, aber dann wurde die Route für mich zu schwierig. Nach kurzem inneren Kampf beschloss ich, den Notausstieg zu wählen und wieder abzusteigen. Ich folgte nicht meinem Wunsch (nämlich den Gipfel zu erreichen), sondern meinem Verstand.

Zuerst war ich enttäuscht, aber langsam begann ich, mich selbst für diese Entscheidung zu loben.

Ich denke, dass es öfters im Leben Situationen gibt, in denen wir vernünftigerweise uns gegen unsere eigenen Pläne und Interessen, wohl aber für etwas entscheiden, was sich dann (hoffentlich, und vielleicht erst nach einiger Zeit) als das Bessere erweist.

Die Grenzen im Leben zu akzeptieren ist oft nicht leicht. Bei der Hospizarbeit zitieren wir manchmal den Grundsatz „Endlich leben". Wird das erste Wort betont, heißt das, dass vieles eben begrenzt ist, z. B. unsere Kräfte, Möglichkeiten, Fähigkeiten, auch die Jahre, die wir leben.

Aber je mehr wir das annehmen können, umso mehr werden wir das zweite Wort umsetzen und ganz bewusst, dankbar, mit innerer Freude und Zufriedenheit die uns geschenkte Zeit genießen.

Obwohl mir das Umkehren sehr schwer gefallen ist, finde ich es lobenswert.

Erkenne dich selbst,
finde den Zugang zu deinem inneren Brunnen,
damit du nicht auf deine Mängel fixiert bleibst,
sondern deine Entfaltungsmöglichkeiten entdeckst!

Impuls: Heute wage ich es, irgendetwas einfach sein zu lassen, zu beenden, mir zuliebe.

Die andere Seite sehen

Eine ehemalige Schülerin, die vor einem Jahr maturiert hatte, studiert Medizin.

Vor kurzem schickte sie mir eine Mail. Sie mache jetzt auf der Palliativstation ein Pflegepraktikum. Vielleicht könne und wolle ich sie einmal besuchen.

Das tat ich gerne, auch weil ich sie als sehr aufmerksame und angenehme Schülerin in guter Erinnerung habe.

Ich fragte sie, warum sie gerade auf so einer Abteilung arbeite. Sie meinte, es sei doch wichtig, auch auf diese Seite des Lebens, nämlich das Sterben, zu schauen und persönlich zu erleben, wie das dann sei.

Ist es nicht beachtlich, dass ein junger Mensch, dem gefühlsmäßig und praktisch das ganze Leben offensteht, sich ganz bewusst mit der Endlichkeit und mit dem Tod auseinandersetzt? Dabei ist Anna alles andere als depressiv oder traurig, und sie freut sich schon auf die Reise nach Finnland, die sie in den Ferien noch vorhat.

Wir haben oft Klischeevorstellungen von den Jugendlichen. Sie sind meist ganz anders und besser, als man denkt.

Des Öfteren treffe ich Zivildiener oder andere junge Menschen, die in Pflegeheimen oder sozialen Einrichtungen einen Dienst verrichten. Ich muss immer wieder staunen, wie sie ihre Aufgaben erfüllen: freundlich, manchmal etwas cool, lässig mit einem gewissen Schmäh, aber sehr hilfsbereit, und sie sind sehr häufig die Lieblinge gerade der älteren Leute.

Wie sie oft selbst zugeben: Sie lernen dabei viel für ihr ganzes Leben.

Impuls: Ein Besuch im Pflegeheim, im Krankenhaus oder auch bei jemandem daheim ist sicher gefragt.

Die Glücksmomente bewahren

In unserer Gemeinde gibt es eine Arbeitsgruppe „Demenz". Bei einer Sitzung wurde die Idee geboren, eine „Meldestelle für Glücksmomente" einzurichten und bei allen möglichen Anlässen Leute zu bitten, persönliche Glückserfahrungen aufzuschreiben, etwas, was ihr Leben reicher gemacht hat. Diese kleinen Berichte werden dann veröffentlicht (natürlich ohne Namensangabe) als Anstoß, damit viele Menschen achtsamer, aufmerksamer und dankbarer werden für so vieles, was ihnen geschenkt worden ist. Ich finde das eine tolle Idee.

In eine ähnliche Richtung geht der Vorschlag eines Pflegeheimleiters.

Er gab allen ehrenamtlichen Mitarbeiterinnen und Mitarbeitern ein kleines Büchlein zum Thema „Glück".

Darin findet sich für jeden Tag ein Blatt mit den Fragen:

Was habe ich heute gelernt?
Was war heute großartig?
Welches sind meine „Diamanten" des Tages?

Und darunter stehen jeweils drei Zitate mit Lebensweisheiten. Für 31 Tage sind diese Fragen und

Gedanken vorgegeben, wiederum als Einladung, schreibend sich die positiven Momente des Lebens bewusst zu machen.

In der Zeitung war zu lesen, dass jeder fünfte Österreicher (bzw. Österreicherin) unglücklich ist.

Diese oben erwähnten Übungen sind die beste Prophylaxe gegen solch negative Einstellungen.

Das bestätigt der Satz von Marie v. Ebner-Eschenbach:

Nicht was wir erleben, sondern wie wir empfinden, was wir erleben, macht unser Schicksal aus!

Impuls: Am Abend sammle ich die Glücksmomente des Tages ein.

Quellenverzeichnis

S. 16: Antje Sabine Naegeli: Im Festkleid der Freude. Aus: dies.; Ich spanne die Flügel des Vertrauens aus. © 2016 Verlag am Eschbach der Schwabenverlag AG. www.verlag-am-eschbach.de

S. 27: Eugen Eckert: Bewahre uns, Gott © Strube Verlag, München

S. 30: Claudia Peters: Wofür es sich zu leben lohnt. Aus: TK Vogelhaus. © Text Claudia Peters © 2015 Verlag am Eschbach der Schwabenverlag AG. www.verlag-am-eschbach.de

S. 44: Rechte liegen bei der Autorin Hildegard Nies.

S. 45: Klaus Heizmann: Meine Seele ist stille in dir Text, Melodie und Satz: Klaus Heizmann © 1991 Gerth Medien Musikverlag, Asslar

S. 61: Alexander Jehle: Trotzgedicht. Aus: und immer wieder leben © Bucher GmbH & Co Druck Verlag Netzwerk, Hohenems, 3., überarbeitete Auflage

S. 91: Rose Ausländer, Die Menschen. Aus: dies., Wieder ein Tag aus Glut und Wind. Gedichte

Der Autor:

ELMAR SIMMA, geb. 1938, Theologiestudium in Innsbruck, Kaplan, Diözesanjugendseelsorger, Pfarrer in Göfis, langjähriger Caritas-Seelsorger der Diözese Feldkirch, Unterrichtstätigkeit an verschiedenen pädagogischen Einrichtungen. Er hält zahlreiche Vorträge (u. a. für die Hospiz-Bewegung) und ist Autor mehrerer Bücher. Zuletzt bei Tyrolia erschienen: „Wie ein Stern am Horizont. Mit guten Gedanken durch das Jahr" (2012); „In den Nebel hinein. Worte der Hoffnung" (2018); Geführt von einem inneren Stern. Gute Gedanken für Advent und Weihnachten" (2019).